〈前向きな諦め〉を促す インターネット 認知行動療法

日本文化にそくした心理支援のために

下山晴彦［監修］菅沼慎一郎［著］

ミネルヴァ書房

監修者のことば

　本書は，とても独創性の高い，知的冒険の書である。テーマは〈諦め〉である。

　功成り名遂げた人が成功の秘訣を聞かれ，「最後まで諦めないこと」と語る記事を読むことは多い。しかし，「諦めが肝心」という言葉もある。人生の途上で，諦めるべきか，諦めるべきではないのか迷うことは多い。

　本書を読むと，諦める／諦めないという単純な二分法そのものが間違っていることが見えてくる。諦めることが諦めないことに繋がる。さらには，諦めることは，明らめること，つまり真実を明らかにすることになっていく。それが，どういうことなのかは，本書を読んでのお楽しみである。

　〈諦念〉という言葉から連想されるように，〈諦め〉は仏教の思想と深くかかわる。では，本書は，仏教や東洋思想を扱った本かというと，答えは否である。仏教の観点から諦めの意味を解説している箇所はあるが，思想書ではない。れっきとした心理学専門書である。しかも，認知行動療法という，臨床心理学の主要技法の観点から〈諦め〉の意味を探求している。

　ご存知の方も多いと思うが，認知行動療法は欧米社会の近代化にともなって個人主義のあり方が定着する中で人々の心理的問題解決の方法として広まった心理療法である。そこで，東洋思想と深くかかわる〈諦め〉を，西洋文化の個人主義と密接にかかわる認知行動療法の観点から分析することは，はたして可能なのかという疑問が湧いてくる。ここでも，本書を読むことで東洋／西洋の二分法がいかに視点を狭くしているのかが見えてくる。ポストモダンの時代にあっては，東洋と西洋は深く交流し，新しい動きが生じてきている。本書は，その最前線を切り開いている知的冒険の書でもある。

　本書は，〈諦め〉を認知行動療法の観点から探求する書物である。では，心理療法の解説書かというと，単純にそうではない。本書は，〈諦め〉を心理学

の本格的な研究法を用いて分析し，その意味的構造を科学的に見出している独創的な研究書でもある。読者は，本書を通して修正版グラウンデッド・セオリー・アプローチ（M–GTA）といった質的研究法，そして共分散構造分析といった量的研究法を用いて心理学の研究がどのように新たな発見をしていくのかを体験できる。本書は，東京大学大学院の臨床心理学コースに提出された博士論文が土台になっている。

　では，本書は，研究の書かというと，それだけでもない。本書の第Ⅱ部では，〈前向きな諦め〉を支援する認知行動療法がテーマとなる。その点ではれっきとした心理療法の実践書である。しかも，心理療法の世界最前線に果敢に挑戦している，チャレンジの書なのである。

　認知行動療法は，日本ではいまだ新しい心理療法の域にとどまっているが，世界ではすでに主流となっている。さらに世界では，心理療法を受けたくても地域，文化，経済，社会的立場等々のためにサービスを受けられない治療ギャップ問題を解決すべく，インターネット認知行動療法の開発が進められている。本書の研究では，世界に伍して，〈前向きな諦め〉を促す認知行動療法をインターネットで提供するアプリケーションを開発し，無料公開し，その効果を検証している。その点で，世界の認知行動療法が現在切り開きつつあるフロンティアに，東洋の片隅から静かに，そして重要な一石を投じる独創的な内容となっている。

　最後に，本書の特徴をもう一つ。本書で紹介される研究の中で開発され，公開されているセルフケア・アプリケーション「あきらめたまご」はメチャクチャ，カワイイのである。本書に通底する著者の研究者としてのマジメさは，「あきらめたまご」の開発に至って，ついに諦めの境地に入ったかのように，日本文化の最新特徴である"カワイイ"世界を体現している。心理学研究を"カワイイ"レベルまで止揚している点でも，本書はサイコウにユニークな冒険の書となっている。

　　2018年6月

　　　　　　　　　　　　　　　　　　　　　　　　　下山晴彦

はじめに

　本書は，わが国において認知行動療法を有効に活用していくためのアプローチについて日本文化という観点から考察したものです。本書を手に取ってくださった方でも，認知行動療法が〈諦め〉と ICT にどのように関係しているのか不思議に思われる方が大半ではないかと思います。この関係は「〈諦め〉と認知行動療法」，「認知行動療法と ICT」という二つの関係が重なり合ったもので，それがそのまま本書の全体像を描き出す大きな軸にもなっていますので，最初に説明しておきたいと思います。

　まず理解しやすいのは，「認知行動療法と ICT」です。メンタルヘルスの問題は現代日本における大きな社会問題になっており，公認心理師という初の心理系国家資格の成立とともにメンタルヘルス対策を臨床心理学的な観点から加速させていくことが急務となっています。様々な臨床心理学的支援方法の中でも，認知行動療法（Cognitive Behavioral Therapy：CBT）はすでに数多くのエビデンスが示され世界的に活用が進んでおり，有力な方法の一つです。しかしながら，わが国では2010年に医師による認知行動療法が保険適用となったものの，十分な提供が始まっているとは言い難い現状があります。この背景にはサービスの提供側の問題（認知行動療法を実施できるスタッフが少ない，提供コストが高いなど）と受け手側の問題（受診・来談することへの抵抗感，精神的／心理的問題へのスティグマなど）によるサービスギャップの問題（サービスが必要と思われる人たちが実際には受けていない）が指摘されています。このような状況は日本だけのことではなく，諸外国でも同様です。そのため近年では，従来の対面での心理援助を補完する形で，パソコンやスマートフォンといった情報通信技術（Information and Communication Technology：ICT）を用いたインターネット上での認知行動療法の提供が行われるようになってきました。これが「認知行動療法と ICT」です。

次に，「〈諦め〉と認知行動療法」です。筆者の所属する東京大学の研究グループは，上記の問題意識にもとづき，インターネット認知行動療法の研究を行ってきました。そこで明らかになってきたことは，日本でインターネット認知行動療法を活用する際には，たんに外国語版を翻訳し提供するだけでは不十分であるということです。研究を進めるうちに，日本語という言語の問題だけではなく，日本文化に特徴的な心のあり方，すなわち日本的心性を考慮した支援のメカニズムや日本人の生活スタイルを考慮した提供方法など，臨床心理学的支援としてのトータルな問題が明らかになり，取り組んできました。いいかえると，日本的心性にそくした形でのインターネット認知行動療法が必要であることがわかってきたのです。もちろん，まったく新しく一からというのではなく，欧米の実践や研究を踏まえた，ローカライゼーションという形になります。筆者はそのような問題意識にもとづき，日本的心性を表現する語として，なおかつ認知行動療法における重要概念として〈諦め〉に着目し，研究を行ってきました。近年，認知行動療法は，従来のような問題のコントロールを踏まえつつも，マインドフルネスとアクセプタンスに代表される脱コントロールの新しいパラダイムに軸足を移してきています。〈諦め〉は一般的にネガティブなものとして忌避されることが多いですが，成長や学びといった形で自己や現実の受容という建設的な機能を有することが明らかになってきています。そして，このような主体的な〈諦め〉は日本的なアクセプタンスの一形態として捉えられます。これが，「〈諦め〉と認知行動療法」です。

本書は，この「〈諦め〉と認知行動療法」，「認知行動療法とICT」という二つの関係を軸に筆者がこれまで行ってきた研究の成果をまとめ，認知行動療法の新しい展開について論じたものです。

第Ⅰ部は「〈諦め〉と認知行動療法」に相当しており，第1章では日本文化におけるアクセプタンスとしての〈諦め〉について述べ，第2章はインタビュー調査から明らかになった〈諦め〉の心理プロセスについて，第3章は質問紙調査から明らかになった〈諦め〉と心の健康との関係について述べています。

第Ⅱ部は「認知行動療法とインターネット」に相当しており，第4章では，

インターネット認知行動療法の現在とわが国で役立つインターネット認知行動療法の実践に向けての課題について解説しています。続く第5章では〈諦め〉についての研究成果から具体的なプログラムについて考察し、〈前向きな諦め〉を核となるメカニズムにすえたインターネット認知行動療法について報告しています。第6章では開発したアプリケーションの効果研究、学習教材について解説しています。

　なお、本文中の考察を深めるためのトピックや、異なる角度からの知見についてはコラムという形で掲載してありますので、適宜参照してください。

〈前向きな諦め〉を促すインターネット認知行動療法
——日本文化にそくした心理支援のために——

目　　次

監修者のことば

はじめに

第Ⅰ部　〈諦め〉は私たちの人生や心の健康にどうかかわるか

第①章　なぜ〈諦め〉に着目するのか
——日本文化にそくした認知行動療法実践に向けて………3

1　日本文化における〈諦め〉——アクセプタンスとの関連 ………………3

（1）〈諦め〉と心の健康……3

（2）仏教における〈諦め〉と日本文化……7

（3）第三世代の認知行動療法の仏教への接近……10

（4）日本的アクセプタンスとしての〈前向きな諦め〉……15

2　〈諦め〉に関する心理学研究の概観 …………………………………18

（1）心理学における〈諦め〉の捉え方……18

（2）〈諦め〉の精神的健康に対する機能……22

（3）〈諦め〉研究の課題……25

（4）研究の問題意識と方法論……26

コラム1：現代における〈諦め〉の様相　5

コラム2：「明らめ」と「諦め」　9

コラム3：第三世代の認知行動療法と森田療法　13

コラム4：〈諦め〉という日本語の独自性　17

コラム5：海外における類似の心理学概念　20

コラム6：〈諦め〉に関する心理学研究が少ない背景　29

第②章　〈諦め〉の全体像を理解する
——語られたエピソードの分析から …………………………31

1　〈諦め〉の定義と構造——諦めた内容・諦めたきっかけ・諦め方………31

（1）インタビュー方法と研究協力者，データの分析方法……31

viii

目　次

（2）〈諦め〉体験を構成する三つの要素……42

（3）諦めた内容……42

（4）諦めたきっかけ……46

（5）諦め方……49

（6）〈諦め〉の行動的定義と機能……52

2　〈諦め〉の三つの心理プロセス——未練型・割り切り型・再選択型 ……54

（1）再分析の視点——機能によって〈諦め〉プロセスを分類する……54

（2）得られた概念の定義と具体例……56

（3）〈諦め〉の心理プロセスⅠ：未練型……60

（4）〈諦め〉の心理プロセスⅡ：割り切り型……62

（5）〈諦め〉の心理プロセスⅢ：再選択型……64

（6）各〈諦め〉プロセスに特徴的なカテゴリー……67

（7）〈諦め〉のプロセス的定義と機能……69

（8）インタビュー法を用いた〈諦め〉研究の限界と展望……71

コラム7：現代青年と〈諦め〉　34

第3章　〈諦め〉が心の健康におよぼす様々な影響
——質問紙調査の分析から …………………………………………75

1　〈諦め〉観の測定と類型化 …………………………………………………75

（1）〈諦め〉観への着目……75

（2）〈諦め〉観を測定する尺度の作成——諦めること一般に関する認知尺度……77

（3）〈諦め〉観の男女差の発見……82

（4）〈諦め〉観と心の健康……84

（5）〈諦め〉観の4タイプと心の健康……89

2　過去の〈諦め〉体験への意味づけと心の健康 …………………………92

（1）過去の〈諦め〉体験への意味づけへの着目……92

（2）過去の〈諦め〉体験への意味づけ尺度の作成……95

（3）過去の〈諦め〉体験への意味づけに影響を及ぼす経験……99

ix

（4）過去の〈諦め〉体験への意味づけと心の健康Ⅰ：青年期……104

（5）過去の〈諦め〉体験への意味づけと心の健康Ⅱ：成人期前期……108

（6）質問紙法を用いた〈諦め〉研究の限界と展望……113

　コラム8：女性の〈諦め〉と男性の〈諦め〉の違い　91

第Ⅰ部から第Ⅱ部へ

〈前向きな諦め〉とは何か——研究からみえてきたもの …………………………115

（1）〈諦め〉の建設的側面としての〈前向きな諦め〉……115

（2）日本的アクセプタンスとしての〈前向きな諦め〉再考……117

（3）〈前向きな諦め〉の促進・阻害要因……120

第Ⅱ部　〈前向きな諦め〉のためのインターネット認知行動療法

第④章　インターネット認知行動療法とは何か………………125

1　インターネット認知行動療法の現在 …………………………………125

（1）認知行動療法（CBT）と情報通信技術（ICT）……125

（2）諸外国におけるインターネット認知行動療法の実際……126

（3）なぜインターネット認知行動療法が世界的に注目されているか……128

2　日本で有効なインターネット認知行動療法とは ………………………132

（1）わが国におけるインターネット認知行動療法の現状……132

（2）インターネット認知行動療法の開発と実践の経験からみえてきたこと
　　　　——モチベーションの問題……133

（3）認知行動療法のアップデート——文化と提供媒体の観点から……137

第⑤章　〈前向きな諦め〉を促すセルフケア・アプリケーションの開発……141

1　〈前向きな諦め〉を促すプログラム設計 …………………………………141

（1）〈前向きな諦め〉を促す支援の基本的視座……141

（2）〈諦め〉観に着目したプログラム案——心理教育での活用……143

（3）過去の〈諦め〉体験への意味づけに着目したプログラム案

　　　——心理面接での活用……144

2　〈前向きな諦め〉を促すセルフケア・アプリケーションの開発 ……147

（1）アプリケーションの開発過程……147

（2）アプリケーションの実際……149

（3）あきらめ性格診断……149

（4）あきらめストーリー体験……151

第6章　〈前向きな諦め〉を促すセルフケア・アプリケーションの実践……157

1　アプリケーションの効果検証 ……157

（1）効果研究の概要……157

（2）〈諦め〉観の量的な変化に関する検討……158

（3）〈諦め〉観の質的な変化に関する検討……160

（4）精神的健康および時間的展望に対する影響の検討……161

（5）アプリケーションの発展……162

2　〈前向きな諦め〉を促すセルフケア・アプリケーションのための

　e-learning 教材 ……163

（1）e-learning 教材の必要性と実際……163

（2）スマートフォンやタブレットを用いたインターネット認知行動療法の

　　　意義と課題……165

引用文献

謝　辞

関連する論文・学会発表リスト

索　引

第Ⅰ部

〈諦め〉は私たちの人生や
心の健康にどうかかわるか

第1章 なぜ〈諦め〉に着目するのか
——日本文化にそくした認知行動療法実践に向けて

　本章ではまず，〈諦め〉の一般的な理解と文化的背景について触れた後，認知行動療法の近年の動向との関連について述べ，日本的なアクセプタンス（受容）の一種としての〈諦め〉の心理学的研究をレビューし，これまでの研究の問題点を明らかにします。

1　日本文化における〈諦め〉
——アクセプタンスとの関連

（1）〈諦め〉と心の健康

　はじめに，現代における〈諦め〉の一般的な理解と心の健康との関連について触れておきたいと思います。なお，「諦める」という言葉は，日常的に使用される日本語です。そのため，諦めること全般を指して，たんに「諦め」という語を用いた場合，本書の対象となる現象を指してその語を用いているのか，日常的に使用されるような日本語としてその語を用いているのか，不明瞭になってしまう可能性があります。そのため，本書の対象となる現象を指して「諦め」という語を用いていることをとくに強調する際には〈諦め〉と記述することにしています。

　我々は人生を生きていく中で様々なことを望み，その実現に向けて努力します。しかし，全てのことが必ずしもうまくいくわけではありません。むしろ，望んでいたことが叶わなかったり，現実におけるいろいろな制約から別の選択肢を選ばざるを得なかったりすることも，往々にして生じるのが一般的です。このような際に，人は様々な形で諦めるということを経験します。たとえば，

欲しかったものの価格が高く，買うのを断念するといった日常的に体験される〈諦め〉もありますし，子どものころから持っていた夢を断念し，進路を変更するといった人生にかかわる〈諦め〉まで，いろいろなことが想定できるでしょう。〈諦める〉という語から自分の人生を振り返ってみると，いろいろな内容が容易に想像できるのではないでしょうか。そして多くの場合，それは心理的苦痛を伴う，つらく，不本意で，あまり思い出したくない経験でしょう。

　このような性質から，〈諦め〉は一般的に，ネガティブなイメージが付いて回る語になります。たとえば，「諦めない！」あるいは「諦めるな！」という自分や他人に対する言葉かけはごく一般的に用いられます。もちろん，現代は個々人の欲望の追求が重視される時代ですからおかしなことではありません。社会的にも自身の夢や目標の実現を志向し，理想を追求することこそが現実的，適応的とみなされる場合が多いことを考えると，〈諦め〉がネガティブなイメージを持つのはごく当然のことです。またこれは言うまでもないことですが，理想や目標を諦めると多くの場合，その理想や目標にはたどり着けなくなってしまいます。とくに，安易に諦めてしまうことで，そのまま努力を続けていれば実現できたはずの夢や理想の追求をやめてしまい，後々後悔したりすることも多いわけです。そのため，「頑張る」姿勢が奨励される一方で，「諦める」ことは敗北や挫折という言葉を連想させ，忌避されるものとなります。

　しかしながら，冒頭でも述べたように，私たちが人生を生きる上で，自らが望むことを全て叶えることは難しい，というより通常不可能です。つまり，どれだけ自分の望みや欲望を満たすことがうまくいったとしても，時に，望んでいたことが叶わなかったり，努力していたにもかかわらずうまくいったりという出来事に遭遇せざるを得ません。むしろ，そのようなうまくいかない場合の方が多い可能性すらあるわけです。本書では，人生において〈諦め〉は不可避的に生じてくるという事実を大前提に考えます。このように理解すると，自分の望んでいたことが叶わない場合，「いかに諦めるか」が人生を生きていく上で非常に重要な問題であることがはっきりしてきます。そしてその「いかに諦めるか」という問題への対処によって個々人の心の健康は大きく異なってく

第1章　なぜ〈諦め〉に着目するのか

るわけです。

☕ コラム1：現代における〈諦め〉の様相 ～～～～～～～～～～～～～～～～～～～～～

　〈諦め〉は子どもから大人，高齢者に至るまで人生の様々な場面で体験されることがわかっています。ここでは代表的な二つの研究を見ておきます。

　大橋は，中高年者124名に対して「これまでの人生の中で，あきらめなければならなかった・思い切らなければならなかった出来事にはどのようなものがありましたか」「その出来事を体験した折は，どのような心境になっていましたか」「その出来事について，現在どのような心境になっていますか」という自由記述方式の質問を行い，KJ法にもとづいて分析した結果を報告しています。それによれば，あきらめなければならなかった出来事は，「死別」，「病気・怪我」，「子どもの成長」，「家族―親族との関係」，「恋愛」，「進学・職業選択」，「職業での問題・軋轢」，「近隣との関係」，の八つにまとめられ，対象の喪失と関連しているといいます。この質問は，「あきらめなければならなかった」という聞き方であるため，多少そこに不本意なニュアンスがあるものの，中高年者がそれまでの人生において，何を諦めてきたかということに関して，その類型として理解しやすいといえるでしょう。また，あきらめなければならなかった出来事を体験した折の心境を，身体的症状と心理的症状に二分し，うつ病と類似した症状を伴う可能性があること，あきらめなければならない出来事を体験することは心身に大きな影響を与えることも報告されています。加えて，出来事に対する現在の心境については，「肯定的感情」，「否定的感情」，「両価的感情」，「肯定的解釈」，「思考抑制」の五つが挙げられています。出来事を体験した折の心境が，身体的症状と心理的症状といずれも苦痛なものであったのに対して，出来事に対する現在の心境は肯定的なものと否定的なものが混じっていることがわかります。このことも，諦めなければならない出来事に遭遇した際に，どのように諦めるか，また諦めてきたかということがその後の心の健康を考える上で重要になってくるということを示しています。また，上記の「あきらめなければならなかった出来事」は，下仲らのライフイベントに関する研究において，中高年が悪い出来事と報告した出来事と類似しており，対象者の50〜60％が1年の間に一つ

5

第Ⅰ部　〈諦め〉は私たちの人生や心の健康にどうかかわるか

以上体験しているといいます。その意味では，諦めなければならない出来事は人生上で避けられないものとして存在しており，遭遇せざるを得ない出来事と言えるでしょう。

　稲月は，23～87歳の男女66名を対象に，自分にとって重大な「あきらめ」体験の有無とその頻度，内容，「あきらめ」体験について今振り返ってどう感じるか，を調査しています。その中で自分にとって重大な「あきらめ」体験があると答えた人は55名であり，頻度は「たまに」がもっとも多かったといいます。ここから多くの人がそれなりの頻度で「あきらめ」体験をしており，しかもそれを自分にとって重大な体験として捉えていることがわかります。「あきらめ」体験の内容は，「死」，「恋愛」，「仕事」，「進路」，「子ども」，「病気」，「結婚」，「受験」などが多く，これらはライフイベントであり，大橋の結果とほぼ同じです。また，「あきらめ」体験を振り返って，「両義的な思いを語る回答」と「肯定的な思いを語る回答」，「断ち切れない思いを語る回答」の三つがあるとしており，これも大橋による中高年を対象とした調査と類似しています。ここから，年代が違っても人が経験する「あきらめ」体験は類似していることが示唆されます。

　このように見ると，現代における「あきらめ」体験は人生において避けられないライフイベントに伴って起こることが多く，体験としては苦痛なものでありながら，評価としては肯定的な評価と否定的な評価が混在したものとして捉えられていることがわかります。また，大橋や稲月の調査ではいずれも，諦めた対象として多様な内容が挙げられていました。この諦める対象，つまり何を諦めるかが異なることで，そのあとの経過や体験の仕方が異なってくることが予想されます。大橋で挙げられている八つのあきらめなければならなかった出来事を参考に発達段階との関連を考えると，とくに「死別」，「病気・怪我」，「子どもの成長」は中年期および老年期に多く，「恋愛」，「進学・職業選択」，「職業での問題・軋轢」は青年期，成人期前期に多いと考えられます。〈諦め〉がライフイベントに伴って生じることが多いとなると，〈諦め〉という一定の構造とパターンはありつつも，それぞれのライフイベント，つまり発達段階に応じて，その体験のされ方が異なる部分があると言えるでしょう。

（2）仏教における〈諦め〉と日本文化

　前項で述べたことの要点を少し抽象的に述べると，「人間の全ての欲望を叶えることはできない」，そのために，「どのように諦めるかが我々の心の健康において重要になってくる」ということになります。このような欲望の観点からの〈諦め〉の理解と重視は仏教においては非常に一般的なものです。

　仏教においては，古代から〈諦め〉ということが非常に重要なことであり，それは「四諦」という形で表現されています。この四諦の「諦」はサンスクリット語の「satya」の訳で真理という意味を指しています。この「四諦」とは，「迷いと悟りの両方にわたって因と果とを明らかにした四つの真理。苦諦・集諦・滅諦・道諦。この世はすべて苦であること，その苦の因は煩悩であること，その煩悩を滅すること，八正道の実践・修行が煩悩を滅した理想の涅槃に至る手段であるということ。」と理解されています。つまり，「四諦」とは人間の心理的な悩みの理解と対応についての真理が「明らか」になるという意味であると理解できます。そもそも仏教では，物事に執着することが苦悩の起こる大きな原因であるとしており，この苦悩の起こるメカニズム，すなわち因と果を「明らか」にし，自らの執着を捨てることが非常に重要であったと考えられます。この〈諦め〉についての仏教的な理解は現代でも脈々を受け継がれており，仏教学者の一郷正道も次のように述べています。

　今，日本語で「諦める」といえば，自分の願いごとが叶わずそれへの思いを断ちきる，という意味で使われるのが一般だ。しかし，「諦観（たい（てい）かん）」，「諦聴（たい（てい）ちょう）」といった熟語の「つまびらかにみる，聞く」にみられるように，「つまびらかにする」「明らかにする」が，本来の意味である。そして，漢語の「諦」は，梵語のsatya（サトヤ）への訳語であって，真理，道理を意味する。

　そうであれば，ものごとの道理をわきまえることによって，自分の願望が達成されない理由が明らかになり，納得して断念する，という思考のプロセスをそこに見出せる。単に「あきらめる」だけであれば，悔い，怨み，愚痴が残る。ものごとの

第Ⅰ部　〈諦め〉は私たちの人生や心の健康にどうかかわるか

道理が明らかになった上でのことならば，納得しての「諦らめ」となる。結婚というご縁にあずかった。諸般の事情を考慮してこのへんで「あきらめて」結婚に踏み切るか，わが身をしっかりみつめ，賜わったご縁を「諦めて」結婚するか，そこには大きな差がある。後者であれば，後で，こんなはずではなかった，と愚痴ることも少なかろう。

　悟りを開かれた釈尊は，その初説法で，四つの真理（諦）を説かれたという。第一の真理は，この迷いの生存は苦である，という現状認識。第二は，その苦は飽くことなき欲望から生ずる，という原因究明。第三は，その欲望の滅した境涯が苦のない悟りであること。第四は，悟りを得るには正しい八つの方法に依るべきこと，である。ここで注意すべきは，仏教が，我々の苦悩の原因を，我々の飽くなき欲望，我々の無知に帰している点である。ややもすると，我々は，自分の苦悩は，社会が悪いから，あの人のせいだからしょうがないといって，「あきらめる」ことでよしとする。逆に，それは自分の欲望，無知に基因すると「諦める」ことができれば，現状を受け入れ，解決の方法をみつけやすい。

　それでは，この四つの真理に通ずる仏教の根本道理とは何か。それは，一切は相対的な存在でしかない，と諦らめ，執着しないことである。

　そしてこのような仏教的な教えにもとづく〈諦め〉の重視は，仏教にとどまらず近代にいたるまで日本文化に深く根付いていると考えられます。そのような思想の発露は様々な形で散見され，たとえば，日本文化に独自の美意識を明らかにしたことで有名な「「いき」の構造」の著者である哲学者の九鬼周造も〈諦め〉を「運命に対する知見に基づいて執着を離脱した無関心」[8]と定義しています。そしてその「諦め」こそが，日本の文化的，民族的背景のもとに「いき」を生じさせる必要不可欠な要素であると積極的に評価しています[8]。また近年でも，精神分析家の富樫は「諦め」という「蒼古的自己愛空想からの能動的[9][10]脱錯覚過程」は，日本人の心的発達を考えるうえで重要であると指摘しています。いずれも「諦め」を建設的なものとして捉え，日本文化や日本人の心性と関連付けるものです。このように〈諦め〉を建設的心性として捉える記述は文学の世界においても見られ，たとえば著名な俳人の正岡子規の『病牀六尺』に

第1章 なぜ〈諦め〉に着目するのか

おける「あきらめる」という語の用法は,「状況を受け入れ,乗り越え,その生を楽しむという積極的な姿勢」に繋がるものとして捉えられています[11]。また,諦めの同義語として用いられる諦念は,森鷗外の心境として有名であり,「我欲に満ちた本能の世界を諦視して,その上に超然として生きようとしていた」とされています[12]。これらの諦念や「あきらめる」という語の捉え方は,仏教的な〈諦め〉の意味が強く,非常に肯定的なものであることがわかります。

☕ コラム2:「明らめ」と「諦め」〜〜〜〜〜〜〜〜〜〜〜〜〜〜〜〜

　現代において,〈諦め〉という語には,否定的,消極的なイメージを持つ人が多いでしょう。しかし,〈諦め〉は日本語として長い歴史を持っており,「あきらめる」という言葉が必ずしも否定的な意味を持つ言葉だったわけではありません。これは〈諦め〉という語が,特定の学問においてのみ使用される専門用語ではなく,日常的に多くの人々によって使用される日常語であったことと関係しています。〈諦め〉という日本語が歴史的にどのような意味の語であったのか,どのように捉えられてきたのかということは現代における〈諦め〉を検討する際にも非常に重要となってきます。

　遠藤によれば[13][14],〈諦め〉,すなわち「諦める」という語の語源である「あきらむ」は万葉集にその用例があるといいます。そして,この「あきらむ」という言葉はもともと,「十分に見て,よくわかる」「心を晴らす」「明らかにする」という意味で用いられていました。平安時代には,それが「事情をはっきりさせて申し上げる」「聞いて事情が明らかになる」となり,明治時代に「断念する」「思い切る」という意味が伴ったといいます。つまり〈諦め〉はもともと理解や認識といった認知的側面にかかわる意味が主でしたが,近代になってそれが放棄や断念といった行動的な側面にかかわる意味に大きく変化したことがわかります。吉井も古典語で「あきらめる」の意味を持つ[15],「思いたゆ」「思いすつ」「思いはつ」などの語彙の意味の広がりおよび変遷を述べ,近世以降「あきらむ」「観念する」「覚悟する」などの,ある重大なことを「明らかに知る」という意味の語が断念・諦念というネガティブな意味を担うようになったと指摘しています。

9

第Ⅰ部　〈諦め〉は私たちの人生や心の健康にどうかかわるか

　このように,「あきらめる」という語は,「明らかにする」という意味の肯定的な意味合いの語でしたが, 近代においては「明らかにする」ことが「断念する」「思い切る」ことと強く結びついた結果, 現在の〈諦め〉という語のように否定的な意味合いを含むようになったことがわかります。

　現代における〈諦め〉について, 吉井は, 南による, 日本人は他罰を先取りして自罰することで他罰そのものを回避しようとする傾向が西欧人に比べて強いとの恥概念に関する指摘をもとに,「明らかに知る」ことが〈諦め〉につながりがちな可能性を指摘し, 現代において取り越し苦労的に先のことをいろいろ考えることは消極性を帯びやすい可能性があると述べています。また, 奥田も現代社会ではライフスタイルの多様化により以前の社会に比べて未来の見通しが描きにくい社会になっており,「普通の人生」といった大きな物語に寄り添った形で自分の人生を組み立てることが困難であるという現代の時代性を指摘しており, これも吉井の指摘と重なるといえるでしょう。このような指摘を考慮すると,「あきらめる」のネガティブな意味合いの背景として, 吉井による「明らかに知る」ことが〈諦め〉になる, という指摘は的を射ているように思われます。しかしその一方で吉井は, あきらめに関連する語彙である「覚悟する」にみられるように, マイナスを受け入れることで,「あきらめ」が建設的に働く道筋もあると指摘しています。現代においても,「明らめ」と「諦め」のうち, たんなる放棄や断念としての「諦め」だけでは不十分であり,「明らかに知る」という「明らめ」をどう自分の選択に活かすかが重要になってくるといえるでしょう。

（3）第三世代の認知行動療法の仏教への接近

　じつはこのような人間の悩みに関する仏教的理解は, 最先端の認知行動療法と非常に近いものなのです。もちろん仏教は古くから存在するものですので, 経緯としては認知行動療法の方が徐々に仏教的な理解に近づいてきたということができます。

　認知行動療法とは, 認知療法と行動療法の二つの療法を源流とし, 認知や行動に介入することで人間の様々な適応問題を改善しようとする科学的な心理

療法です。そして，従来の認知療法，行動療法では認知や行動を変えることで，不安をコントロールし，減らすことに主眼が置かれてきました[18][19]。しかし，同じ認知行動療法であっても第三世代の認知行動療法と呼ばれるアクセプタンス・コミットメントセラピー（ACT）では，不安を含めた望まない私的体験をコントロールしようとするのではなく，「受容」することがむしろ治療の目標となってきています。このような，コントロールしたいという欲望こそが問題であると捉え，受容することに主眼を置いた一連の認知行動療法的なアプローチは第三世代の認知行動療法と呼ばれ，今もっとも新しい認知行動的なアプローチとなっています。それらの代表的なものとしては，上記のアクセプタンス・コミットメントセラピー[20]や，マインドフルネスストレス低減法[21]，マインドフルネス認知療法[22]などがあり，用いられる言葉は違うものの，上記のような捉え方は一致しています。

　これらの第三世代の認知行動療法に共通する概念は「マインドフルネス」です。マインドフルネスとは，「今，この瞬間の体験に意図的に意識を向け，評価をせずに，とらわれのない状態で，ただ観ること[23]」とされています。マインドフルネスストレス低減法ではもう少し噛み砕いた言葉で表現されており，マインドフルネスに内在する要素を「自分で評価をくださないこと」「忍耐づよいこと」「初心を忘れないこと」「自分を信じること」「むやみに努力しないこと」「受け入れること」「とらわれないこと」の七つで表現しています[21]。マインドフルネスは仏教の瞑想を心理学的な方法として修正を加えたもので，ここからも最先端の認知行動療法が仏教的な人間理解と方法から学んでいることがわかります。

　そして，肝心の仏教における「諦」がどこにいったかというと，「アクセプタンス」という言葉で表現されています。アクセプタンスとは，第三世代の認知行動療法の一つであるアクセプタンス・コミットメントセラピー（ACT）の概念で，「嫌悪的な状況に対する自分の反応をそのままにしておくこと[24]」とされます。ACTでは，思考・感情・性格といった私的事象をコントロールすること自体を問題とみなし，アクセプタンスとコミットメント，すなわち回避せ

第Ⅰ部　〈諦め〉は私たちの人生や心の健康にどうかかわるか

表1-1　認知行動療法で取り扱われる次元の比較

	認知	行動	感情	身体	欲望
行動療法（第一世代）	●	○	△	○	●
認知療法（第二世代）	○	△	○	△	●
認知行動療法（第三世代）	○	○	○	○	○
森田療法	△(○)	○	△(○)	○	○

（注）　○：積極的に用いる　△：時に用いる　●：用いない
（出所）　北西（2001）[19]を一部改変して作成

ずに受け入れることと自らの価値にもとづいて行動していくことが重視されています。[25]このようなアクセプタンス，すなわち回避せずに受け入れることにおいては，まさに「そのままにしておく」という形でネガティブな私的事象へのコントロールを捨てていく諦観的態度が重視されているといえるでしょう。実際に，ACT においても「絶望から始めよう」や「創造的絶望」という用語があります。このようにコントロールできないことを受け入れるという作業は多くの場合困難であり，まずは自分のこれまでのやり方ではうまくいかないというコントロールの放棄，すなわちある種の〈諦め〉からアクセプタンスが始まることを示していると言えるでしょう。これは，マインドフルネスの要点の一つである「評価をせずに，とらわれのない状態で」[23]，すなわちこれまで自分がこだわっていたものの見方をいったん手放してみることと通じるもので，ここからもその起源である仏教の執着を捨てることの重視を受け継いでいることがわかります。

　認知行動療法は従来，問題をコントロールすることを目的に行動療法，認知療法という形で発展してきました。森田療法家の北西[19]が指摘しているように，認知行動療法は従来「認知」，「行動」，「感情」，「身体」という四つの次元に着目するもので，「欲望」という次元について扱ってきませんでした。しかし，現代の認知行動療法はコントロールの放棄とアクセプタンスの重視，コミットメントの重視などの様々な点で人間の「欲望」を中心にすえるようになってきています（表1-1）。認知行動療法の歴史的経緯を踏まえると，この「欲望」という五つ目の次元への踏み込みは大きなパラダイムの変化となっています。

第1章　なぜ〈諦め〉に着目するのか

☕コラム3：第三世代の認知行動療法と森田療法 ≫≫≫≫≫≫≫≫≫≫≫≫≫≫≫≫

　第三世代の認知行動療法と日本古来の心理療法である森田療法との関連が近年注目を集めています。森田療法は森田正馬によって創始された精神療法の一つであり，症状あるいはそれに伴う苦悩，不安をそのままに受け入れながら，本来持っている正の欲望にのっとって建設的に行動することを治療の目標とするものです。その中で，自身の恐怖や欲望をありのままに認め「あるがまま」と呼ばれる心のあり方に到達することが重要視されています。一方，第三世代の認知行動療法の一つであるアクセプタンス・コミットメントセラピー（ACT）では，不安や恐怖といった嫌悪的な私的事象を受容した上で，自らの価値に沿った選択をし，行動していくことが治療の目標になっており，森田療法の治療目標と非常に類似していることがわかります。これら二つの心理療法の理論的接点として「不安の受容」と「欲望や価値にもとづいた行動」があり，これらは本書で扱う〈諦め〉と非常に深く関連しています。ACTと森田療法との理論的な異同については既にまとめられていますので，ここでは日本文化と〈諦め〉の観点から解説を加えておきます。

　森田療法家の舘野は，ACTと外来森田療法の違いについて，①ACTでは受容と行動のプロセスが別々の操作であるのに対し，外来森田療法では同時一体に扱うこと，②ACTは価値化された方向の領域から行動を選択するが，外来森田療法では価値観の没却を目指して臨機自由な行動をさせること，の2点を指摘しています。この2番目の指摘は，本書で述べている日本文化にそくした認知行動療法という問題意識と軌を一にするものです。ACTにおける価値とは「失敗や障害などの困難があっても自らの意志により継続してきた，行動すること自体に喜びややりがいを感じられる行動や状態の性質を言語的に表明したもの」とされます。そして，ACTにおける価値の捉え方には，個人の現在の行動レパートリーや強化の履歴を個人に特有のものとして考え，その履歴の中にすでに存在しているものをもとに行動を構築しようとする臨床行動分析の姿勢が強く反映されているとされます。しかし，このような価値観はまさに個人内に焦点をあてたものであり，日本の文化では受け入れにくい可能性があるといえるでしょう。文化心理学者の北山は，東洋における相

第Ⅰ部　〈諦め〉は私たちの人生や心の健康にどうかかわるか

互協調的自己観と西洋における相互独立的自己観の違いについて言及し，東洋では社会的関係に所属し，自己が社会的存在であることを確認することが重視され，西洋では自分の中に誇るべき属性を見出し，表現することが重視されるという形で，理想とされる自己実現が非常に異なることを指摘しています。[31]このような指摘を考慮すると，ACTにおける「不安の受容」と「価値にもとづいた選択・行動」という二つのプロセスはそもそも弁別した方がよいのかという疑問が生じてきます。日本的な心のあり方を考慮すると，森田療法や本書の第2章で述べる〈諦め〉プロセスでみられるような，欲望という観点からそれらを一体のものとみなし，欲望が現実と折り合いをつけていく中で認知的変化や行動的変化が生じてくる，またそれらが欲望にも影響を与えるという循環的な捉え方，すなわち目標（欲求）の断念と選択（行動）を一体として捉える捉え方が有効である可能性があるでしょう。

　日本の臨床心理学においては既存の理論モデルの輸入と適用にエネルギーが注がれるあまり，日本の社会の現実にもとづいた心理臨床モデルの構成が不十分なままになっており，緊急の課題になっています。[32]認知行動療法は欧米で生まれ，さかんになってきた療法であり，近年日本において注目され導入されてきている段階です。臨床心理学における文化の重要性を考えた際に，今後認知行動療法を日本の文化に合わせてどのように適用していくかは重要な課題となるでしょう。一方，認知行動療法が，認知心理学や行動心理学といった基礎心理学をベースにし，臨床場面における効果研究というエビデンスを重視しながら発展してきたのに対して，森田療法は森田正馬によって創始された精神療法であり，心理学的な理論ではなく，独自の森田理論に依拠しています。それゆえ，心理学的な実証性に裏付けられた仮説生成や理論展開に乏しかった面は否めません。森田理論を実証的に捉えようとしたものとして，鍵概念の測定を試みた研究[33]や森田神経質の症状形成と維持の機序に関する理論の実証を試みた研究[34]，「とらわれ」の観点からネガティブな反すうの増減要因を探った研究[35]などがありますが，概念の測定に焦点が当てられたのみであり，操作的な定義による介入可能性と，メカニズムや効果の検討はまだ始まったばかりといえます。本書のように心理学的な手法を用いて日常語を心理学用語として概念化していくことで，森田療法や認知行動療法の理論を再検討し日本文化にそくした心の

第1章　なぜ〈諦め〉に着目するのか

あり方を検討していくことが求められます。

（４）日本的アクセプタンスとしての〈前向きな諦め〉

　仏教と最先端の認知行動療法の理論的接近と，欲望の重視という認知行動療法のパラダイム変化を踏まえると，〈諦め〉がたんに不本意で忌避されるべきものではなく，むしろ人間の悩みの理解と対処の方法として非常に重要なものであることがみえてきます。本書では，〈諦め〉を日本的アクセプタンスの一種として位置付けています。そして，このような〈諦め〉の建設的側面を〈前向きな諦め〉として検討するとともに，日本文化に根ざした認知行動療法の実践モデルとして〈前向きな諦め〉に焦点を当てた支援について提案していきます。

　なお，アクセプタンスではなく〈諦め〉を研究する意味は二つあります。一つは文化差の問題です。言葉は「単なる記号ではなく，人が内的・外的体験をどんな切り口でとらえて意識するのかを規定する民族の道具あるいは遺産であって，それは人々の現象把握の様式を深いところで規定しているもの[36]」と理解できます。つまり，言葉は現象を切り取る道具であるため，どういった言葉を使うかによって現象の把握や思考様式が規定されるというわけです。これは〈諦め〉についても同様で，西洋と日本では〈諦め〉の意味の文化差があると考えられます。たとえば「受容」と「あきらめ」の違いについて，西洋では「受容」という指針で主体性が発揮されている一方で，「あきらめ」が敗北として捉えられていることが指摘されており[37]，前述したように建設的な〈諦め〉は日本独自の現象把握の方法や思考様式であるとも考えられます。つまり，日本と西洋では〈諦め〉の捉え方がそもそも異なる可能性，さらに言えば日本と西洋では異なったアクセプタンスの方法を取っている可能性があり，これは〈諦め〉を研究することからでしか見えてきません。西洋のアクセプタンスという枠組みのみから理解しようとすると，そういった日本文化に特有な心のあり方が見過ごされてしまう可能性が高いと言えます。

　なお，アクセプタンスの訳語については「受容」が用いられることが多く，

第Ⅰ部　〈諦め〉は私たちの人生や心の健康にどうかかわるか

その反面〈諦め〉が，捨て鉢な閉じた姿勢，消極的な受容性として捉えられる場合もあります。たしかに日本語の〈諦め〉はそのような回避的な態度を表現する場合も多いですが，筆者としてはアクセプタンスの訳語として「受容」とするだけでは不十分であり，むしろ〈諦め〉が適切な訳語である場合も多くあると考えています。これはたんなる筆者の意見ではなく，わが国の臨床心理学における「受容」と〈諦め〉の違いに関するこれまでの指摘にもとづくものです。たとえば，「受容」や「あるがまま」といった用語について，体験している本人の実感にそぐわない場合が多いのではないかとして，「健全なあきらめ」という言葉が提唱されています。その意図として，「受容」や「あるがまま」という語では，悲しみや切なさのニュアンスが抜け落ちてしまうように思われると述べられています。同様に，あまりに受容を重視することは「美しい物語」として表層のみをたどっているのにすぎなくなる危険性をはらんでおり，辛さや痛みを生きる必要があると考えられています。これは，「受け入れる」とは自己が受け入れられるものだからそういえるのであり，受け入れがたい自分を受け入れる「あきらめ」にこそ自己受容的な構えの意義があるのであるという指摘にもかかわるものであり，自己受容の適応的な側面ばかり強調され，安易にこの言葉が用いられることへの戒めにも重なります。このような指摘を踏まえ，また仏教的であるという文化的背景を踏まえた上で，アクセプタンスの訳語として〈諦め〉を提案するものです。

　また，〈諦め〉を心理学用語として概念化するもう一つの理由として，アクセプタンスが日本語の日常語ではないということも挙げておきます。「アクセプタンス」という言葉はアクセプタンス・コミットメントセラピー（ACT）の理論を説明するための名称ですので，はじめて聞いて理解できる人はほぼいません。これは，「マインドフルネス」もそうですが，日本語の日常語になっていないため，生きた言葉になりにくく，直感的な理解が難しい面があります。日本語での心理学的支援を考えると，日常語である〈諦め〉についての研究を蓄積することはきわめて大きな意義があるといえるでしょう。

第１章　なぜ〈諦め〉に着目するのか

☕ コラム４：〈諦め〉という日本語の独自性 〰〰〰〰〰〰〰〰〰〰〰〰〰

　海外でも，日本語の〈諦め〉という言葉の定訳はいまだはっきりしていません。英語において日本語の〈諦め〉という語に近いと考えられるものは，「giving up」「reconciliation」「abandonment」「resignation」等が挙げられます。The Oxford English Dictionaryによれば「give up」は「１，To resign, surrender ; to hand over, part with.（放棄する）２，To forsake, abandon, relinquish, desist from, relinquish the prospect of ; to cease to have to do with（a person）; to sacrifice, 'lay down'（one's life）.（やめる）３，To leave off ; to cease from effort, leave off trying ; to stop（かかわらない）」，「reconciliation」は「The action or an act of bringing a thing or things to agreement, concord, or harmony ; the fact of being made consistent or compatible.（調和させる）」，「abandonment」は「１，The surrender or devotion of oneself to an influence, passion, emotion, etc.（自暴自棄）２，The state or condition of being abandoned by a person or people.（見捨てられた）３，The action of relinquishing, giving up, or forsaking something.（やめる，放棄する）」，「resignation」は「１，The action or an act of relinquishing, surrendering, or giving up something.（やめる，放棄する）２，The action or fact of resigning from one's employment, from an office, as a member of an organization.（辞職する）３，The action or fact of giving oneself up to God, providence, etc.（神に身を委ねる）」と定義されます（括弧内の訳語は筆者による）。これらの語はいずれも日本語における〈諦め〉と近い概念であるとは考えられるものの，この定義からは日本語の〈諦め〉という言葉の持つ，肯定的な意味合いと否定的な意味合いをともに携えた語という特性や仏教的な人間の欲望理解に関する記述は見られません。当然，これらの英語の持つニュアンスや現代的用法はこれらの辞書的定義のみでは計り知れませんが，〈諦め〉と重なる部分もありながらも異なる概念である可能性が高いといえるでしょう。

　これまでに海外の概念を〈諦め〉と訳した研究も散見されますが，日本語の〈諦め〉と，海外の様々な概念を翻訳した際に使用される〈諦め〉の間に混乱がみられ

17

第Ⅰ部　〈諦め〉は私たちの人生や心の健康にどうかかわるか

ます。たとえば，上田は，障害の受容について述べる中で，〈諦め〉を消極的なものと位置付けており，「受容」はそれとまったく異なり，「障害の心理的克服」という積極的なものとしています。これは，「諦め」には肯定的な感情は含まれていないとするWrightの影響を受け，「resignation」をそのまま〈諦め〉と訳したものと考えられます。しかし，北山による西洋人の「あきらめ」と日本人の「あきらめ」とは方向づけが異なるという指摘に照らしてみるとやはり文化差の影響が考慮されていないように思われます。このような日本と海外の〈諦め〉の違いを考えると，海外の概念を日本語の〈諦め〉として訳すことは注意して行う必要があり，定義や意味をはっきりさせた上で比較する必要があります。

2　〈諦め〉に関する心理学研究の概観

　本節では，前節で述べた問題意識を踏まえ，いよいよ〈諦め〉に関係した心理学の先行研究のレビューを行います。なお，これまでに〈諦め〉一般に関連した研究をレビューしたものとして，その意味や希望との関連に焦点を当てたものや概念的定義を目的としたもの，生涯発達心理学の立場から諦観の重要性について述べたものがあります。また，〈諦め〉の精神的健康に対する機能については，未練の観点から述べたもの，コーピングの観点から述べたものがあります。ここでは〈諦め〉の建設的側面の臨床的応用という本書の問題意識にもとづき，臨床心理学的観点からのレビューを行います。

（1）心理学における〈諦め〉の捉え方

　心理学におけるこれまでの研究において，〈諦め〉は様々な用いられ方をしてきました。たとえばTAC–24（Tri–axial Coping Scale）では，「放棄・諦め」型のストレスコーピング（項目例「自分では手におえないと考え，放棄する。」「対処できない問題であると考え，あきらめる。」「どうすることもできないと，解決をあと延ばしにする。」）として，〈諦め〉は「放棄」と同一のものとして考えられ

第1章　なぜ〈諦め〉に着目するのか

ています。同じく TAC–24を用いた研究⁽⁴⁹⁾では，因子分析の結果，原版の「放棄・諦め」と「責任転嫁」の項目から構成される因子を「問題回避」と名付けています。これは〈諦め〉の，何かを「やめたり，放棄したりする」という面への着目から，主に回避的な対処方略として捉えていると考えられます。このような用いられ方は TAC–24だけでなく，他の質問紙を用いた研究にもみられるものです。たとえば，職場ストレススケール（Job Stress Scale：JSS）を用いた⁽⁵⁰⁾，会社員を対象とした調査⁽⁵¹⁾では，因子分析の結果から「諦め」型のコーピング（項目例「時の流れに身を任せた。」「どうすることもできず，状況に身を任せた。」「この状況は変えられないと思った。」）と「回避」型のコーピングを合わせて，「問題放置」型のコーピングとしています。

　このような問題放置・回避という捉え方もある一方で，まったく異なる〈諦め〉も報告されています。内田⁽⁵²⁾は，登校拒否治療において，子どもが登校を始めたり，自分なりの道を進み始めるとき，その指標として親の期待のあり方に変化が生じていることを見出し，親の期待のあり方に「操作的期待」・「行き詰まり」・「あきらめ」というプロセスがみられることを報告しています。ここでは「あきらめ」は「操作的期待」という過度な期待を減じるプロセスとされています。また富樫⁽⁹⁾⁽¹⁰⁾は，「諦観」を，「意地」や「覚悟」，「思い切る」などと並んで「能動的脱錯覚」の過程として捉え，〈諦め〉を「自己愛的に投資された対象とその蒼古的自己愛空想への執着を捨てる」こととしており，自分の過度な思い込みを捨てるという点で一致しています。また，森田療法を「自然への随順」を促すものであるとし，「今の自分の状態」すなわち「自然」に対する随順を〈諦め〉として捉える論考⁽⁵³⁾もあります。同様に上田⁽⁴⁰⁾は自己評価の低い人が，そういう自分でもよいと感じることを「上手なあきらめ」と述べており，井上⁽⁵⁴⁾も，「限界の許容に基づき現実自己に見合うように理想自己を低めようとする態度」を〈諦め〉として捉え，自己受容を構成する要素として捉えています。これらは，現在の自分の状態の許容や受容という点で，類似した捉え方をしているといってよいでしょう。このように〈諦め〉を「受容」や「覚悟」などと捉える研究もあり，研究者によって〈諦め〉の定義は一貫していません。たとえ

第Ⅰ部　〈諦め〉は私たちの人生や心の健康にどうかかわるか

ば「問題放置」と「受容」ではその意味合いがまったく異なり，正反対である
ともいえるでしょう。このように，各研究により〈諦め〉の定義が一貫しておら
ず，それをどのように捉えるかに関しても一致がみられないことがわかります。

　しかし，これらの研究が〈諦め〉という観点を多少なりとも導入しているに
もかかわらず，それぞれがまったく異なった対象を研究しているとは考えにく
いでしょう。というよりも，これらの研究で扱われているのは〈諦め〉を構成
する要素であることは間違いないものの，その一部分のみに着目しているため，
様々な捉え方が存在すると考えた方が妥当です。すなわち，より包括的な〈諦
め〉が存在し，その一側面を論じたものとしてこれまでの研究があるという捉
え方です。なお，これまでの先行研究においては〈諦め〉についての体系的な
研究は少ないですが，そのような包括的定義の候補となるものとしては，島田[45]
によるものがあります。島田[45]は，本書と同様に研究者間で諦めの定義が異なる
ことを指摘し先行研究をレビューしたうえで，「諦め」を「状況をよく見て不
可能であると判断されたときに，その対象に対して努力とコミットメントをや
めること[45]」と概念的に定義しています。この定義は研究者それぞれの諦め観を
踏まえた上での，中立的な立場からの定義として評価できるものです。しかし
ながら，これもあくまで研究者の観点から定義を行ったにすぎず，それを裏付
ける実証的なデータや体験者の視点からの吟味がなされていないという点で，
より詳細な検討とともに，なぜこのような〈諦め〉の捉え方の混乱が生じてい
るのかを明らかにすることが必要でしょう。

☕ コラム5：海外における類似の心理学概念 〰〰〰〰〰〰〰〰〰〰

　海外において〈諦め〉に関連していると思われる概念を扱った研究は数少ないも
のの存在しています。
　Wrosch et al.[55] は，「Goal Disengagement（目標断念）」（項目例：目標に向かう
努力を減らすのは簡単だ）と「Goal Reengagement（目標再挑戦）」（項目例：別
の新しい目標達成を目指そうと思う）という二つの概念を提唱し，自分にとって重

第 1 章　なぜ〈諦め〉に着目するのか

要な目標の達成が不可能となった状況において，それぞれの方略をどれくらいとる
傾向があるかを測定する Goal Adjustment Scale（GAS）を作成，主観的幸福感に
対する影響を量的に検討しています。その結果，大学生において「Goal Disengage-
ment（目標断念）」が，「侵入思考」とのみ負の関連があり，「Goal Reengagement
（目標再挑戦）」が「侵入思考」，「知覚されるストレス」と負の関連，「自己制御」，
「人生の充実度」と正の関連を有することが報告されています。本邦では，大学生
に対して GAS を用い，目標達成が不可能な状態において「目標断念」と「目標再
挑戦」が主観的幸福感に及ぼす影響を調査し，「目標再挑戦」のみが「主観的幸福
感」と正の関連，「不眠」と負の関連があると報告されています⁽⁵⁶⁾。この結果にもと
づき，目標の達成が不可能な状況においては目標断念よりも目標再挑戦が主観的幸
福感を高める⁽⁵⁶⁾と述べられていますが，実際の問題として目標を断念せずに再挑戦を
行うことは難しい場合も多いと考えられます。むしろここからは目標を断念しよう
とすること自体が主観的幸福感に負の影響を及ぼすという結論ではなく，目標の断
念と再挑戦を含め，どう〈諦め〉るかが重要である可能性が示唆されます。実際，
「Goal Disengagement」は老年期における機能障害と抑うつ症状との関連を和らげ
る効果があった一方で，「Goal Reengagement」にはそのような効果が見られなかっ
たことが報告されており⁽⁵⁷⁾，青年期における知見と反対の結果が得られています。対
処方略について目標の断念と再挑戦という二つの概念を検討するだけでは不十分で
あり，より詳細に検討していく必要があるでしょう。
　一方，Brandtstädter et al.⁽⁵⁸⁾⁽⁵⁹⁾⁽⁶⁰⁾は，人生を生きていくにあたって目標追求一辺倒で
はなく，目標を調整し，うまくいきそうな幅に設定しなおすことの重要性を指摘し，
目標達成を粘り強く続ける「Assimilative」と目標を柔軟に調整する「Accommoda-
tive」という二つのコーピングプロセスを提唱しています。それら二つのコーピン
グ傾向を測定する Tenacious Goal Pursuit and Flexible Goal Adjustment Scale
（TGP ＆ FHA）を作成し，いずれの傾向もうつ症状と有意な負の相関，人生満足度
と有意な正の相関があることを報告しています。日本においても，島田らは大学生⁽⁵⁶⁾
に対して，TGP ＆ FHA を用いて目標達成が困難な場合の目標追求や調整といった
方略と主観的幸福感との関連を調べています。その結果，「目標不屈追求（Assimila-
tive）」「目標柔軟調整（Accommodative）」のいずれの因子も主観的幸福感と有意

第Ⅰ部　〈諦め〉は私たちの人生や心の健康にどうかかわるか

に関連していたことを報告し，目標達成が困難な状況においては，目標を諦めずに柔軟に調整することが大切であると指摘しています。同様に竹村も，看護学生に対してTGP & FHAを実施し，目標不屈追求および目標柔軟調整と心理的Well-Beingの間に，いずれも有意な正の相関があること，それぞれの因子が心理的Well-Beingの異なった次元を促進させている可能性を指摘しています。これらの研究からは，従来のコーピング研究やWrosch et al. で検討されていたような目標の追求か放棄かという形での分け方だけでなく，本書の第2章でみられるような，目標を引き下げたり引き上げたりといった様々な形での目標とのかかわり方が生じていること，またそのようなかかわり方が心の健康と大きく関連していることがわかります。

（2）〈諦め〉の精神的健康に対する機能

　これまでの心理学の研究においては〈諦め〉に関する体系的な研究がなく，その捉え方に混乱が生じていました。その状況は〈諦め〉と心の健康に関する研究でも同様です。

コーピング研究における〈諦め〉研究

　人間における何らかの行動的・認知的・感情的現象が心の健康に影響を及ぼすことを考えた際に，これまでの心理学においてもっとも多く研究の対象とされてきたのはストレス研究におけるコーピングです。Lazarusによれば，コーピングとは一般的に，「個人の資源に負荷を与えたり，その資源を超えると評定された外的ないし内的要請を処理するために行う認知的行動的努力であり，その努力は常に変化するものである」と定義されます。葛藤状況に対する典型的なコーピングスタイルは"problem-solving（問題解決）"，"avoidance（回避）"，"resignation（諦め）"の三つであるとされ，その程度を測定するLife Situations Inventoryが開発されています。このうち"resignation（諦め）"は，「ストレスフルな状況を変えようとすることなく，それに従ったり受け入れる」ことであり，このようなコーピング方略は主にネガティブで非適応的であると報告されてきました。たとえば著名なコーピング方略の測定尺度であるCOPEでは

第1章 なぜ〈諦め〉に着目するのか

"Mental disengagement（心理的諦め）"がコントロール感と有意な負の相関，不安と有意な正の相関があること，"Behavioral disengagement（行動的諦め）"がコントロール感，自尊心，ハーディネス（高いストレス耐性）と有意な負の相関，不安と有意な正の相関があることが報告されています。なお，COPEは理論的作成方法にもとづいており，海外のコーピング尺度を網羅した，信頼性の高いコーピング尺度であり[66]，英語文献における使用頻度の高いコーピング尺度であることも報告されています[67]。このCOPEの短縮版であるBrief COPEは日本語版[68]が作成されていますが，その中で"Behavioral disengagement（行動的諦め）"は，日本語版では主観的健康状態の悪さと関連すること，英語版ではコントロール感や自尊心といった精神的健康の指標となる尺度と負の相関があることが報告されています。

　このような〈諦め〉の負の機能を強調する報告は数多く見られており，前述のTAC-24を用いた大学生および成人を対象とした調査[69]でも，「放棄・諦め型」のコーピング方略と，抑うつ・不安や無気力の間に有意な正の相関があることが報告されています。また，TAC-24については「放棄・諦め」を含んだ「問題回避」が防衛機制測定尺度（Defense Style Questionnaire：DSQ-40）[48]の「極端思考・他者攻撃」および「感情抑制・代替満足」という不適応的な防衛機制と有意な正の相関があることも報告されています[49]。同様に，職場ストレススケール[50]を用いて，会社員を対象とした調査でも，因子分析の結果から「諦め」型のコーピングを含んだ「問題放置」型コーピングが「憂うつ感」や「緊張感」などと有意な正の相関があることが報告されています[51]。このようにストレスコーピングに関する量的研究では〈諦め〉を，問題を回避・放棄するものとし，その結果，〈諦め〉が精神的健康に負の影響を及ぼすという結果が数多く報告されてきました。このように，コーピング領域における〈諦め〉の研究は，〈諦め〉を一時点での対処方略，すなわち行動として捉えており，心の健康に対する負の機能を報告しています。

心理臨床場面における〈諦め〉研究

　一方で，臨床場面における〈諦め〉の重要性を指摘する論文も数多く執筆さ

第Ⅰ部　〈諦め〉は私たちの人生や心の健康にどうかかわるか

れています。内田[52]は，登校拒否治療を，操作的期待がどのように行き詰まり，あきらめていくかと考えると理解しやすく，登校拒否を抱える母親の苦悩を理解し，その気持ちに沿っていく上でも有効であると述べ，登校拒否治療を〈諦め〉という観点からみていくことの重要性を指摘しています。また，不安発作から不登校に陥った女子高校生との面接過程を報告する中で，母親への期待を諦めることで母娘関係の安定や自己の受容がみられたことを報告しています[70]。また，田嶌[71]は，「青年期境界例との「つきあい方」」と題した論文の中で，青年期境界例の治療において「他者に徐々に失望する」というプロセスが進行し，他者に期待できるものとできないものとの区別ができてきて「健全なあきらめ」または「哀しいあきらめ」とでもいうようなものが起こり，その結果，「苦しみをひとりで抱えておける力」がついてきているのではないかと考察しています。同様に北中[72][73]は，うつ病患者が，焦りを捨て自然に任せあるがままを認める中で回復し，職場や家庭などの既存の秩序に戻っていく，という一定の回復プロセスをたどることを指摘し，コントロールへの欲望を捨てるという「諦観の哲学」を提案しています。このように治療プロセスにおける〈諦め〉の重要性の指摘は，特定の精神障害の治療プロセスに留まらずみられるものです。また，日本由来の心理療法である森田療法では「かくあるべし」「かくあらねばならない」という理想に固執し，それを望み，理想を目指す自己の観点から様々な精神障害を理解し，治療の中で「かくあるべし」という自己を手放すことで「あるがまま」に至るということが重視されます[74]。これはまさに治療プロセスの根幹に〈諦め〉が据えられているということができ，実際北西[19]は，様々な不安障害，パーソナリティ障害を「我執」，つまり「諦められない」という観点から読み解き，その治療において，「我に執着した生き方（所有と自己愛の病理）」に対する〈諦め〉の重要性を森田療法の立場から指摘しています。また，佐藤[53]らは，心気症に引き続き嫉妬妄想を呈した女性の森田療法での治療を通じて，精神療法における〈諦め〉の意義を考察しています。そして，〈諦め〉は症状消失前後に患者から聞かれることのある重要な日常語であるとし，治療プロセスにおいて，自己のありようを自らの「運命」として〈諦め〉ることの重要性

第1章　なぜ〈諦め〉に着目するのか

を指摘しています。

　このような臨床場面における〈諦め〉に関する研究では，クライエントや患者の側からであれ，治療者の側からであれ，〈諦め〉がたんなる一時点の行動ではなく，一つの時間的繋がりを持った心理的なプロセスとして捉えられています。加えて，それと関連して〈諦め〉を治療の上で肯定的に評価しています。その意味で，これらの研究は〈諦め〉が精神的健康に対して正の機能を持つ場合があることを示唆しているといえるでしょう。

（3）〈諦め〉研究の課題

　さてここまで〈諦め〉に関する心理学研究のレビューを行ってきました。これまで見てきたように，心理学における〈諦め〉に関する研究では，各研究者によって〈諦め〉の定義が一致しておらず，研究者の側が何らかの行動やプロセスに対して〈諦め〉という概念を当てはめるものが多数となっています。そのため，どのようなことが〈諦め〉であるのかが研究者間で一致しておらず，定義もばらばらでした。また，〈諦め〉の精神的健康に対する機能に関しても，負の機能を報告するものが多数でしたが，一方で正の機能の可能性を示唆する研究もあり，この点でも相反する報告がなされています。レビューにもとづき，以下，先行研究の問題点を3点指摘し，次いでなぜそのような問題点が生じているのかを考察します。

心理学の研究対象としての〈諦め〉の未確立

　第一に，島田[45]も指摘していることですが，〈諦め〉についての一貫した定義がなく，心理学用語としての確立がなされていないことがあります。〈諦め〉が日常語であるがゆえに，同じ日常語である「未練」の研究[12]において指摘されているのと同じ現象が，〈諦め〉の研究にも生じていると考えられます。すなわち，現在の〈諦め〉に関する研究の状況はそれぞれの研究者が各人各様の日常用語としての〈諦め〉の定義を用いている状態であり，〈諦め〉について体系的な研究がなされていません。そのため，心理学の研究対象としての〈諦め〉がきちんと定義されていない状態にあると思われます。そのため，〈諦め〉に

25

第Ⅰ部　〈諦め〉は私たちの人生や心の健康にどうかかわるか

含まれる諸要素を精査した上で，心理学の研究対象としての〈諦め〉を実証的に定義する必要があります。その際，〈諦め〉の機能という観点から言えば，コーピングという一時点の行動にのみ焦点を当てるのではなく，必要に応じて〈諦め〉プロセスを捉え，その全体像を把握することが必要です。

〈諦め〉の心の健康に対する機能に関する知見の不一致

　第二に，〈諦め〉の心の健康に対する機能について，詳細な検討がなされていないことです。これまで〈諦め〉の研究のレビューを行う中で，〈諦め〉の用語としての混乱が〈諦め〉の機能の捉え方の違いに関連している可能性がでてきました。すなわち，〈諦め〉の機能それ自体を詳細に検討した研究はほとんどなく，それぞれの研究者が自分の捉える〈諦め〉観にもとづいてその機能を当てはめていた可能性が高いといえるでしょう。近年指摘されるようになってきた〈諦め〉の機能の二面性についても，そのポジティブな側面を活かす方法やネガティブな側面を抑制する方法についてはいまだ研究が少なく，〈諦め〉という観点から臨床実践を行うにはエビデンスが不足していると考えられます。〈諦め〉の機能に影響する要素や関連要因を包括的に検討する必要があります。とくに介入可能性の観点から〈前向きな諦め〉に関連する特定の要素を検討していくことで，臨床的応用につなげる必要があります。

発達段階との関連が考慮されていない

　第三に，〈諦め〉に関して，発達段階を考慮した研究がほとんどないことです。これは〈諦め〉に関する研究が少ないことに起因すると考えられますが，先行研究では〈諦め〉はライフイベントに伴って起こることが多いことがわかっています。そのため，各発達段階によって特徴的な諦めるプロセス，つまり諦めにいたる状況，諦める内容，諦める理由は様々であると考えられます。そのため，発達段階を考慮した〈諦め〉に関して研究し，各発達段階に特徴的な知見を積み重ねる必要があります。

（4）研究の問題意識と方法論

　上記の課題を踏まえ，本書で紹介する研究の問題意識を述べておきます。

第1章　なぜ〈諦め〉に着目するのか

心理学的概念としての〈諦め〉の確立

　第一に，コーピング研究での〈諦め〉の捉え方と臨床研究での〈諦め〉の捉え方の大きな違いは，一時点の行動として捉えるか，心理的なプロセスとして捉えるかという部分であり，このような捉え方の違いが機能の捉え方の違いに影響を及ぼしていると考えられます。〈諦め〉は，目標や夢が叶わなかったり，その達成・実現が難しそうだという出来事の後に多くの場合不本意ながら起こるわけで，そういったコーピング方略をとる傾向と，その時点での精神的な苦痛との相関は高いことが予想されます。しかし，これは必ずしも本人の方略が問題で，精神的な苦痛に至るとは限りません。たとえば生きていく中で環境的に諦めざるを得ないことが多い人などは，「諦め」に関連したコーピング方略をとりやすく，精神的な苦痛の度合いも高いということになるでしょう。しかし，ライフイベントなどに関しては本人の意志とは関係なく生じることもあり，現実的にはとれる行動が制限されている場合も多いわけです。そのため，〈諦め〉の機能あるいは〈前向きな諦め〉の応用を論じるにあたっては，一時点の行動として〈諦め〉を捉えてネガティブな機能と関連づけ，その行動を別の行動に変えていくという形での議論は机上の空論に陥る可能性があります。むしろ，そういったコーピング方略をとるに至った経緯や諦めた後にそれをどう扱っていくのか，あるいは意味づけていくのかという前後のプロセスに着目する視点がとくに重要であるといえるでしょう。そのような一時的な行動とプロセスという〈諦め〉の捉え方の違いが，機能の評価に影響している可能性もあります。そのため，このような捉え方の違いを踏まえた上で，まずは心理学的概念としての〈諦め〉を定義し，確立させる必要があると考えられます。

建設的な〈諦め〉を促進する認知的要因の解明

　第二に，〈諦め〉の機能の違いに関して，認知的な要因に着目することです。コーピング研究の観点から，〈諦め〉の精神的健康に対する二面性を指摘し，先行研究における知見の不一致を説明する概念として，「わりきり志向」[75]という概念が提唱されています。わりきり志向は，個人が葛藤状態にある際に目標レベルでの〈諦め〉を有する個人傾向と定義され，他の問題や課題への移行が

27

第Ⅰ部　〈諦め〉は私たちの人生や心の健康にどうかかわるか

自身にとって有益であるという前向きな志向性を示す「わりきりの有効性認知」は抑うつと負の相関を示し，個人が抱えている問題や課題に対する対処をやめる志向性を示す「対処の限界性認知」は抑うつと正の相関を示すことが報告されています[75]。また，わりきりの有効性認知は豊かな感情体験を促進させ，精神的健康を維持する可能性があること，対処の限界性認知は豊かな感情体験を減少させ，精神的健康の悪化につながる可能性があることも報告されています[76]。これらの研究は「わりきり」という行為自体が有効であると認知しているかどうかが，「わりきり」の行為の機能に影響する可能性を示唆しています。〈諦め〉に関していえば，〈諦め〉をどう認知しているかが，〈諦め〉の機能に影響する可能性があるでしょう。また，同じ〈諦め〉という行為をとったとして，〈諦め〉という行為のその時点での精神的健康に対する機能は同じでも，その後の受け取り方，意味づけ方によって現在の精神的健康に対する機能は異なる可能性があります。〈諦め〉の建設的な側面の臨床的応用に当たって認知的な側面の変化プロセスを検討することで，〈諦め〉を支援する際に認知的側面を介入目標の一つとすることができると考えられます。

研究の方法論

　研究の方法論については，質的研究法と量的研究法という二つの研究法を相補的に用いています。これらの方法はその背景にあるパラダイムにおいても，検討できる領域についても異なる部分が多いとされています[77]。そのため，両方の分析方法を同時に用いることに批判的な立場をとる研究者も多く存在します。しかし，〈諦め〉という現象に対する多面的な理解という観点から言えば，研究法の特質を踏まえた上で同じ現象を扱ったものとして論ずることは有益だと考えられます。

　従来のコーピング研究にみられるように，量的な研究により〈諦め〉と精神的健康などの他の変数との関連をみるのも選択肢の一つです。しかし，〈諦め〉の場合はまだ研究が十分に進んでいない現象であり，量的研究の前提として必要な仮説を立てることが困難です。加えて，これまでの放棄や断念などの研究の枠組みで検討を行った場合，結果がその枠組みに縛られ，〈諦め〉という言

第1章　なぜ〈諦め〉に着目するのか

葉で表現される現象を十分に捉えきれない可能性もあります。またもう一方で，「諦める」という言葉に着目した臨床・教育実践の事例研究の形で実際のケース報告を行う中で，〈諦め〉という現象がその事例の中でどのように立ち現れているかを考察するという研究も考えられます。この場合は仮説の生成のために事例を用いることになりますが，その仮説を何らかの形で実証的に検証する過程が必要であり，ともすれば仮説が恣意的なまま一人歩きしてしまう可能性があります。この場合，臨床心理学的支援に向けて実証的なエビデンスを積み重ねていく必要があります。先に，〈諦め〉に関する体系的な研究が行われてこなかったことについて触れましたが，言い換えれば，仮説生成から仮説の検証までを一貫性を持って行った〈諦め〉研究がないということでもあります。しかし，とくに〈諦め〉のような日常語であり，学問的仮説が立てにくい現象に関しては，仮説の生成から仮説の検証までを，一貫性を持って行うことが必要でしょう。それによりはじめて〈諦め〉という現象の心理学的観点からの概念化と，それにもとづいた機能の検討が可能になり，どの部分を扱っているのかという位置づけがはっきりし，学問的知見の積み重ねと知見にもとづいた臨床心理学的支援が可能となると考えられます。

☕ コラム６：〈諦め〉に関する心理学研究が少ない背景 〰〰〰〰〰〰〰〰〰

　筆者は前々から日常語に関する心理学研究が少ないことを不思議に思ってきました。本書では〈諦め〉という言葉で表現される心理現象に焦点を当てていますが，〈諦め〉に関する心理学研究が少ない理由は，〈諦め〉が重要な現象ではないというわけではなく，以下の二つの理由があると思われます。

　一つ目に，本文でも述べたように，〈諦め〉に関して，研究者がそれぞれ異なった定義を用いているためです。これは〈諦め〉がきわめて身近な日常用語であることに起因しているものと思われます。以下，山野がすでに未練について述べていること[12]を援用して，〈諦め〉が日常語であることの研究上での問題点を述べたいと思います。すなわち，きわめて身近な日常語に関しては，誰でもその用語に関して何

29

第Ⅰ部　〈諦め〉は私たちの人生や心の健康にどうかかわるか

らかの知識を持っており，それぞれのイメージを抱いています。これは，誰にでも理解しやすいという点できわめて便利であると同時に，研究においてははなはだ困った問題です。というのも，〈諦め〉に関して，各人各様のいろいろな〈諦め〉観が存在しながら，普段はその違いにまったく配慮していないと考えられるからです。現在の〈諦め〉に関する研究の状況は，それぞれの研究者が各人各様の日常用語としての〈諦め〉の定義を用いている状態であり，心理学の研究対象としての〈諦め〉がきちんと定義されていない状態にあると思われます。

　二つ目は，これまで心理学では目標をいかに達成するかという観点から，より効率的な遂行や動機づけを高めることにどのような要因が関係しているのかが重視されてきたためです。そのため，主に目標達成志向という観点から，〈諦め〉は否定的なものとされ，焦点があてられることはほとんどなかったのではないかと考えられます。西村は，「焦り」という日本語で表現される現象について，これまでの心理学研究では十分検討されてこなかったことを指摘していますが，その指摘は同じ日本語である〈諦め〉についても同様に当てはまるものと考えられます。すなわち，〈諦め〉は，目標達成をはじめとした関連する他概念との対比や類似という形で注目されることが多く，複数の分野にまたがって研究がなされてきており，〈諦め〉そのものに焦点を当てた研究はほとんどありません。結果として，〈諦め〉に関連する先行研究はそれぞれが独立しており，研究間の関連性がみえない状態です。しかしながら，皆がつねに目標を達成できるわけではなく，何かを達成するためには何かを諦めなければならない場合というのも往々にして存在します。また，自分自身に完全を求める完全主義に関しても，適応的な認知と不適応的な認知が存在すること，むしろ完全主義傾向の強いものほど抑うつなどの不適応に陥りやすい場合もあることが指摘されており，目標達成の効率的な遂行や動機づけの向上が，むしろ心の健康を害する場合もあると想像できます。そのような場合に〈諦め〉は必要であることを考えると，これまでの心理学のように目標をいかに達成するかということだけでなく，目標の放棄や断念，さらにはその体験過程といった広い意味での〈諦め〉に関する知見を蓄積し，これまでの知見との関連性を検討していくことが必要でしょう。

第2章 〈諦め〉の全体像を理解する

——語られたエピソードの分析から

　前章では日本文化に根ざした認知行動療法という観点から〈前向きな諦め〉という概念を提案する一方，心理学では〈諦め〉は既知のこととして研究の対象として見過ごされてきたことを述べました。

　本章では，インタビューで語られたデータを分析することで〈諦め〉という概念の構成要素と定義，機能を明らかにします。それにより〈諦め〉の全体像と現代的意義に迫ります。

1 〈諦め〉の定義と構造

——諦めた内容・諦めたきっかけ・諦め方

（1）インタビュー方法と研究協力者，データの分析方法

データの収集法と対象者の選定

　本章のインタビュー法を用いた研究では，青年期の諦めた体験について，そのプロセスを含んだ一定の長さのエピソードが得られるよう，半構造化面接法によって回顧法を用いてデータを収集することにしました。また，回顧法を用いる上で，できる限り青年期（18〜30歳）のエピソードが得られるようにインタビュー対象を後青年期（22〜30歳）に限定し，22〜30歳の男女15名（男性8名，女性7名）に協力してもらいました（表2-1）。

　発達段階を青年期に絞った理由は，〈諦め〉は発達段階と関連が深く，青年期という発達段階における〈諦め〉は臨床心理学的に見て研究する意義が大きいためです。なお，青年期や後青年期という用語については Blos を参考とした児童期と思春期と青年期の区分に依拠しています。それによれば，青年期は

31

第Ⅰ部　〈諦め〉は私たちの人生や心の健康にどうかかわるか

表2-1　協力者一覧

氏名	年齢	性別	職業
A	22	男	大学生
B	22	女	大学生
C	23	男	アルバイト
D	23	男	会社員
E	24	男	会社員
F	24	女	大学院生
G	24	男	会社員
H	25	男	会社員
I	25	女	大学院生
J	26	女	大学院生
K	26	女	会社員
L	28	女	大学院生
M	28	男	会社員
N	29	女	会社員
O	30	男	大学生

18〜30歳の時期であり，社会人として自立する成人期に向けて，職業や性役割といった社会的役割を身に付け，アイデンティティを確立することがテーマとなっています。とくに，22〜30歳の後青年期は，前青年期に形成された社会的役割を実際の社会場面で実現していく段階で，アイデンティティの確立や職業選択，結婚といった重要なライフイベントが次々に生起する時期です。

予備調査とインタビューガイドの作成

　はじめに，19歳の女性（大学生）と24歳の男性（会社員）の2名を対象に予備調査を行い，「過去の何かを諦めた体験」を自由に話してくれるように依頼しました。得られたデータを，KJ法を援用して分析を行った結果，「諦めた内容」「諦めたきっかけ」「諦めた理由」という三つのカテゴリーが明らかになり，それにもとづき本調査でのインタビューガイドを作成しています（表2-2）。諦めたエピソードに関しては，①現在感情的にある程度整理がついていること，②ある程度の長さを持ちはっきりと思いだせること，を面接時に基準として述べ，被面接者に選択を任せました。面接時間は一人当たり約60分で，事前に許可を取った上で内容をICレコーダーに録音しています。協力者には調査の目的をわかりやすく伝え，プライバシーの保護，協力したくない場合はその意志が尊重されること，調査に協力しない場合に不利益を被らないことを説明し，同意を得ました。

第2章 〈諦め〉の全体像を理解する

表2-2 "諦め"体験に関するインタビューガイド

	内容	具体的な言葉	注意点・ポイント
1	導入目的と背景の説明	このインタビューの目的は，"諦め"体験，すなわち，何かを諦める体験がどのようなプロセスのもとなされていき，どのような働きをするのかということについてお話を伺うことです。 人が生きていくにあたって何かを諦めることは避けて通れない行為であり，重要なテーマであると考えられます。一般的に諦めることはネガティブなイメージのもとに語られることが多いですが，今回の調査では逆に諦めることが人の精神的健康にポジティブに働くこともあるのではないかと考えています。しかし，どのような諦めが精神的健康にポジティブな影響を及ぼすのか，逆にどのような諦めがネガティブな影響を及ぼすのかということについては，ほとんど明らかになっていません。そこで今回のインタビューでは，実際にこれまでどのような"諦め"体験をされてきたかを伺い，今後のメンタルヘルス領域での支援に生かしていきたいと考えています。 具体的に今回お話をうかがわせていただきたいのは主に6点です。 ・印象に残っている"諦め"体験をいくつか。 　① "諦め"ようと思ったきっかけから"諦め"られた時までの経過（または現在までの経過） 　② "諦め"た内容 　③ "諦め"方（どのように"諦め"てきたか） 　④ "諦め"られた（られなかった）理由 　⑤ "諦め"が精神状態に及ぼした影響 　⑥ "諦め"の意味	説明用文書（別途用意）を見ながら説明。説明後，必要に応じて同意書にサインを得る。適宜省略したり，対象者からの質問に答える。
2	記録について	お話を伺いながら，適宜メモをとらせていただきたいと思います。また，伺わせていただいた貴重なお話を漏らさず参考にさせていただくために，発言内容を録音させていただけましたらさいわいです。お話の中で出てくる個人名や場所の名前などは，すべて伏せ字にさせていただきますので，こうした情報が外部に公表されることは絶対にありません。	録音に同意が得られない場合は無理強いはしない。
3	テーマインタビュー	それではインタビューを始めさせていただきます。 これまで生きてこられた中で何かを諦めた経験について思い出してみてください。現在諦めがつかないことでもかまいません。その中で，具体的ではっきり思い出せるものについてお聞きします。	
	"諦め"体験 （45分）	印象に残った"諦め"体験を時間の流れに沿って教えていただけますか？ （おそらく自然に話してくださるので，流れに任せる）	適宜質問をはさむ

33

第Ⅰ部 〈諦め〉は私たちの人生や心の健康にどうかかわるか

		どの時点で，どのようなことがあって，何を諦めようと思いましたか？ 諦めようと思った状況について詳しく聞かせてください。(とくに精神状態) なぜ，その状況で諦めようと思ったのですか？ 諦めたことは精神状態にどのような影響を及ぼしましたか？ 時間がたつにつれて状況はどのように変わっていきましたか？ 諦めがつくまで，もしくは現在までの経過について教えてください。 諦めたことに対する思いはどのように変化していきましたか？ なんとかして諦めるために何かしたことはありましたか？ 諦めがついた，もしくはつかなかったことには，何が関係していますか？	
	"諦め"体験の比較(15分)	これまでお話いただいた"諦め"体験の違いに関して，何か考えていらっしゃることはありますか？ ○○さんの考える，"諦め"とはどのようなものですか？ その"諦め"は○○さんにとってどのようなものですか？ "諦め"にはポジティブな面とネガティブな面があるのではないかという可能性をお話しましたが，それに関して何か思い浮かぶご自身の体験はありますか？	適宜質問をはさむ
4	終了	本日は長時間のインタビューにご協力いただきありがとうございました。	

コラム7：現代青年と〈諦め〉

　本書ではインタビュー調査，質問紙調査ともに，青年期に焦点を当てています。それは，本文でも記載したように〈諦め〉がとくに重要となってくる発達段階が青年期であるためです。青年期は，子どもから大人への移行期として様々な側面で大きな変動が生じ，心理的混乱が生じやすい時期であり，ライフサイクルの中でも心理的障害が生じる危険性がもっとも高い発達段階です[(4)]。そのため，〈諦め〉の精神的健康に対する機能を考えると，青年期において〈諦め〉は重要な役割を果たすと予想できます。またとくに現代では，ニートや引きこもりといった問題が注目され，若者が大人になることの困難も指摘されています[(5)]。そのため，現代における〈諦め〉の意味を考えた際に，青年期における〈諦め〉を研究することは大きな意義を

有すると考えられます。青年期においては，発達課題である恋愛や進学・職業選択
といったことと関連して，受験や大学生活，失恋といったことが〈諦め〉と関連し
てくると考えられます。そのため，ここでは青年期における〈諦め〉と関連する二
大テーマとして進路選択，恋愛・結婚に関して述べます。

進路選択

　大学進学の際の不本意感に関する研究は古くからあり，豊嶋は，大学・学部・学⁽⁶⁾
科への不満足感を，所属不本意感として，その所属不本意感と入学後の大学生の適
応感との間に有意な負の関連があることを報告し，不本意入学を大学生の非適応の
主因の一つに挙げています。その一方で，大学や学科が自分の志望どおりであるほ
ど抑うつ傾向は低い，との報告もあり，大学生の精神的健康に，不本意感が大きく⁽⁷⁾
かかわっていることがわかります。この不本意感は大学入学時に志望の大学を諦め
たことと大きくかかわっていると考えられ，諦めた後の未練と重なる概念として捉
えることができます。近年では，この不本意感が大学生の不登校傾向ともかかわっ
ていることが報告されています。松原らは，大学生を対象としてメンタルヘルス尺⁽⁸⁾
度を作成し，大学生の不登校傾向を規定する要因を探る中で，大学生の意識レベル
での不登校傾向の要因として「大学生の不本意感」と「学業のつまずき」，「不規則
な日常生活」の三つを挙げています。このうち「大学への不本意感」は，項目とし
て「他大学への編入学を考えたことがある」「現在所属している大学は第一志望校
である（逆転項目）」といった項目が含まれているように，もともと志望していた，
もしくは志望している大学が他にあり，それを一度諦めたのだが，いまだ諦めきれ
ない状態が大学への不本意感に繋がり，大学生の不登校傾向と関連していることを
示唆しています。

　上記のような，不本意感や望まぬ大学への入学が，大学生の精神的健康と負の関
連を示すという数多くの知見がありながら，一方でその不本意感や望まぬ大学への
進学が一つの自己成長の機会となる場合もあるようです。山田は，入学に際し否定⁽⁹⁾
的な意味づけを行っていたが，現在の学生生活に満足している学生を対象にインタ
ビューを行い，入学時の否定的な意味づけはありながらもそれが一つの契機となり，
肯定的な大学生活を送ることができている事例を報告しています。このように，望
まぬ大学への入学やそれに伴う不本意感は一方では不登校傾向といったメンタルヘ

第Ⅰ部　〈諦め〉は私たちの人生や心の健康にどうかかわるか

ルスの問題に直結するものですが，その一方で自己成長の機会ともなりうると考えられます。その意味で，もともと志望していた大学に入れなかった際に，その体験をどのように自分の中で消化していくか，すなわちどのように諦めていくかが大学生の精神的健康において非常に重要な意味を持つことがわかります。

　また，このような不本意感や進路選択における目標追求と断念のバランスは，大学入学時だけでなく，就職活動時や会社への入社後にも生じうると考えられます。とくに近年では大学生の就活自殺の増加，若年層の非正規労働者化，若年層の過労死・過労自殺は大きな社会問題になっています(10)。つまり，今や進路選択の中で，それに付随する不本意感の受け入れ，目標の断念や調整は，大学生時代に留まらず，青年期を通じての発達課題となっているといえるでしょう。また当然ながら，この状況は専門学校卒業者や高校卒業後すぐに仕事についた人々など，大学卒業者以外の若者についても同じでしょうし，あるいはさらに厳しい状況であることが予想されます。そして，「ブラック企業」という言葉に代表されるような厳しい労働環境に置かれる中で，仕事を続けるという目標を追求することで逆に自分を追い込んでしまうことも青年期の若者にとってけっして他人事ではない事態です。このように，進路選択における不本意感等にかかわる〈諦め〉は青年期全体において重要な意味を持っています。

恋愛・結婚

　青年期における〈諦め〉と関連する他のテーマとして恋愛があげられます。恋愛に関する研究では失恋後の未練ということが問題になる場合があり，これは〈諦め〉と大きくかかわっていると言えます。宮下らは(11)，異性と交際し，別れた経験のある大学生を対象に質問紙調査を行い，恋愛関係崩壊後の心理的反応について調査する中で，「未練」因子（項目例：相手と出会うように試みた。その人からの手紙や写真を取り出してよく見た。）を報告し，ゆっくり時間をかけて悲しみ，苦しみ，相手との思い出にもう一度浸る「未練」反応が立ち直るために有効であるかもしれないと述べています。しかしながらその一方で，加藤は(12)，失恋ストレスコーピング尺度を作成し，「未練因子」（項目例：別れたことを悔やんだ。関係を戻そうとした。），「回避因子」，「拒絶因子」の3因子を見出し，未練因子がストレス反応を促進させ，失恋からの回復期間を遅らせることを報告しています。また，浅野らは(13)，失恋スト

レスコーピング尺度を用い，失恋に対するコーピング（「未練型」，「拒絶型」，「回避型」）が，失恋相手からの心理的離脱を介して，成熟性としての「首尾一貫感覚」(14)を予測するという仮説を検証する中で，未練型コーピングは心理的離脱を介して，首尾一貫感覚を低下させることを報告しています。この加藤と浅野らによる報告は，(12)(13)宮下らの報告と相反するものであり，「未練」の捉え方が研究者によって異なる可(11)能性があります。ただいずれにしても，失恋後の未練は，以前の目標を「諦めきれない」ことと大きくかかわっていることが予想され，その中で〈諦め〉ということが重要なテーマとなります。

　また，結婚・出産もこの時期の重要な発達課題です。小坂らは，女性は育児が始(15)まれば，多くの場合就労継続を断念しなければならないこと，とくに夫や義理の親，子どもに関連した要因によってやめざるを得ないことが多いことを報告しています。しかし，徳田は，子育て中心の生活を送る女性のうち少なくない人が，育児による(16)制約感や心理的負担に留まらず，個としての人生と母としての人生の間の潜在的葛藤を抱えている可能性を報告しており，現代の女性にとって子育てが必ずしも理想の選択肢になりえないということがあります。一方で，近年では女性の社会進出などに伴い，共働きという選択をする夫婦も多くなってきています。そして，仕事役割と家庭役割を両立させようとするときにおこる葛藤は，「ワーク・ファミリー・コンフリクト」と呼ばれ，男性にとっても女性にとっても大きな問題になっていることが指摘されています。加えて，そのような夫婦の働き方の変化の中でも，「仕(17)事＝男性役割」という考え方が男性を縛っていること，その結果として過労死や過労自殺という職場の問題があり，男性にとってはむしろ，既存の「仕事」というレー(18)ルから外れそうなときやそれを外れたときの「諦めきれなさ」が問題になってくるのではないでしょうか。一方で，結婚や出産にかかわらず，仕事をしていくにあたって，企業において女性が指導的立場に就くことはまだまだ困難であるといった指摘(19)もあります。その意味で，女性も仕事上で〈諦め〉を体験をしている可能性が高いといえるでしょう。このように仕事と家庭，育児，結婚を考慮した上での生き方の選択と生活の確立はこの時期の男女，とくに女性にとって重要な課題であり，その中で諦める，あるいは諦めざるを得ないことも多く生じてきます。

第Ⅰ部　〈諦め〉は私たちの人生や心の健康にどうかかわるか

データの分析方法

　今回の研究では，〈諦め〉についての一貫した定義がなく，心理学用語として確立されていないという先行研究の問題点と，〈諦め〉という概念の構成要素と定義を明らかにするという研究の目的を考慮し，データの分析方法として質的分析法，中でも修正版グラウンデッド・セオリー・アプローチ（以下，M–GTA）を採択しました。質的研究法は，まだよく知られていない現象や人々の体験の特徴を探索的に知ろうとする場合に有効な研究法です。[20][21] M–GTA は質的研究法の一つとして知られている GTA を発展させたもので，ヒューマンサービス領域においてとくに有効であり，生成した理論やモデルを実践現場に戻し，そこでの能動的応用を検証するのに適しています。[22] なお，M–GTA にもとづいた研究テーマは，「〈諦め〉がどのような構造であるかを把握し定義する」，分析テーマは「後青年期の若者の諦めた体験の構造と構成要素はどのようなものか」，分析焦点者は「後青年期の若者のうち諦めた体験がある者」としました。

　今回のインタビューデータの分析は面接の逐語記録を発話データとし，木下[22]による M–GTA の分析手続きにしたがって以下のように分析しました。

　①具体例の抽出：分析テーマと分析焦点者に照らして対象者を選定，データの中で分析テーマと関連している箇所に着目し，それをある概念の具体例とみなしました。次に，関連する他の具体例をデータから探し，ワークシートに記入しました。なお，具体例が述べられたエピソード数が五つ以上あることを最低限の基準とし，具体例が豊富に出てこなければ，その概念は有効でないと判断しました。

　②概念の生成と定義：ある程度の具体例が出そろったところで，それらの具体例を説明できるような説明力を持った概念を生成，定義し，概念名を作成しました。

　③概念の吟味：他のデータについても，定義に該当する類似した具体例を探し，ワークシートに追加しました。そのたびに定義および概念名の妥当性の吟味を継続的に行い，定義や概念名が具体例に即していないと考えられた場合，それらの改変を行いました。

データの中の様々な具体例，概念について①〜③の作業を継続的に進めました。この際，気づいたことや疑問，考察等は全てワークシートのメモ欄に記入し，分析に活用しました。また，生成した概念の類似例の確認だけでなく対極例の観点からデータをみていくことにより解釈が恣意的に偏る危険を防ぎました。

④カテゴリーの生成：ある程度の概念が生成された段階で，生成した概念と他の概念との関係を検討し，関係図にしていく作業に入りました。概念間の関係から現象としてなんらかの動的なプロセスが明らかになってきているかに注意を払い，丁寧に検討し図に描いてみる作業と，吟味，修正する作業を繰り返しました。

概念生成の具体例

上述の②〜④における概念生成の過程について，【手段目標】という概念を例に，具体的な流れについて解説します。なおこれ以降，分析で得られた概念を【 】で，カテゴリーを〈 〉で示し，具体例を太明朝体，具体例においてもっとも当該概念と関連する部分を下線で示しています。また，アルファベットは各調査協力者を示します（表2-1参照）。

まず，分析テーマと分析焦点者に照らして，もっとも豊富なデータを有していると思われる対象者を選定し，その対象者によって語られたデータの中で分析テーマと関連していると思われる箇所に着目しました。今回は，予備調査でKJ法を参考に分析した結果，諦めることに含まれる要素として「諦めた内容」というカテゴリーが得られていたためそれを参考にし，実際に本データでも諦めた内容に着目しました。その結果，次の具体例が得られました。

D：大学受験の話，もともと生物の勉強してて人間の体にも興味があって，医学系に進もうかなって思ってた。医者っていうほどの頭の良さもないから医者はあきらめとこうと，それでじゃあ何やろっかなって，<u>検査技術士</u>っていうのがあって，血液のデータ調べたり，そこにいこうかなって。家庭的な事情の関係でいくつか絞って<u>A大学の検査技師</u>にいこうかなって勉

第Ⅰ部　〈諦め〉は私たちの人生や心の健康にどうかかわるか

　強してた。

　予備調査で得られた「諦めた内容」は，自らの望む将来像に関するものでした。その視点を参考にこの語りを見ると，「検査技術士になる」と「Ａ大学の検査技師（になれるコース）にいく」という自らの望む将来像に関する二つの語りが存在しています。また，他の具体例を見たところ，同じように自らの望む将来像に関する語りが得られたため，この具体例に関連するほかの具体例を，ワークシートのバリエーション欄に追加記入していきました。そしてこれらのバリエーションをある概念の一つの具体例とみなし，【理想の将来像】と概念化しました。また，この際，対極例に注意してデータを見ていき，全てのデータに関して〈諦めた内容〉が共通して存在していることを確認しています。この作業を継続した結果，この概念に関する具体例が非常に多くなっていきました。たとえば次のような例があります。

　　Ｎ：自分が思ってた音大とか音楽の道に行くっていうことと，自分がやりたいと思う音楽のやり方，自分の自己表現のために音楽を弾くとか気分転換に弾くとか，というものと音大っていうものがイコールじゃないっていうことを理由にしてやめたというか諦めた。

　この語りでは，「音大に行く」，「音楽の道に行く」，「自分がやりたいように音楽をやる」という三つの【理想の将来像】が語られています。このように，一つの概念についてあまりに多くの具体例が得られた場合は，生成する概念が一般的すぎるものになっていると判断します。木下は，この状態を「データから離れすぎてしまっている」と述べており，概念によりデータの意味は包括されるが，あまりにその範囲が広く漠然としており動的な意味を失ってしまう危険性があると指摘しています。そのため，これまで【理想の将来像】として得られた具体例の中に異なった種類のものが含まれているのではないかと考え，もう一度具体例を見直すこととしました。

　最初の例の「検査技術士になる」と「Ａ大学の検査技師にいく」という二

40

つの【理想の将来像】ですが，「検査技術士になる」という【理想の将来像】は「A大学の検査技師にいく」という【理想の将来像】と比べて，より抽象的な将来像について述べています。また，二つ目の例における「音大に行く」と「音楽の道に行く」と「自分がやりたいように音楽をやる」を比較すると，いずれも将来像ではありますが，その抽象度は異なっています。そのため，抽象度という観点から【理想の将来像】に含まれる具体例を分類することにしました。またこの際，具体例を見直すと，将来像という自己の全体を含んだ広いものではなく，将来における理想の自己の具体的な一側面について語ってるため，将来像より目標という言葉が適切ではないかと考えました。そのような視点を含め，「検査技術士になる」と「A大学の検査技師にいく」という目標を見ると，「A大学の検査技師にいく」という目標は，「検査技術士になる」という目標より具体的であり，「検査技術士になる」という目標を達成するための目標です。つまり，「A大学の検査技師にいく」という目標は達成したい目標ではありますが，必ずしもそのことが重要なのではなく，むしろ重点はその上位にある「検査技術士になる」という目標におかれています。この二つの目標間の関係を適切に言い表そうとすると，「A大学の検査技師にいく」という目標は，「検査技術士になる」という目標の手段であると言えます。そのため，「A大学の検査技師にいく」という具体例から【手段目標】という概念を一時的に作成し，この概念の妥当性を確認すべく，この具体例に関連するほかの具体例を他のデータから探し，ワークシートのバリエーション欄に追加記入していきました。そうすると【理想の将来像】に含まれる具体例の中から，【手段目標】であると考えられる具体例がいくつも見つかりました。

　　F：ちょっと大きいけど，卒論とかもそうかな。それなりにいいもの書くぞって臨んだけど，とりあえず卒業できればいいやっていう。そんなにいいもの書かなくていいやって思ったときもあった。…（中略）…とりあえずそれをこなせば卒業できるって考えて，卒業だけを考えてやってたから，いいのなんて全然いいや，とりあえず書けばいいんだからっていうふうに

41

第Ⅰ部　〈諦め〉は私たちの人生や心の健康にどうかかわるか

したかな。…（中略）…目標ではあったけど，卒業するための段階にしか
すぎないっていうのは思ってたけど。目標というよりも手段みたいな感じ。

　この語りでは，「卒論でそれなりにいいもの書く」という目標と「卒業する」
という目標が語られており，前者は後者のための手段であることが明確に語ら
れています。この例のように，【手段目標】に関する具体例がいくつも確認さ
れた段階で，概念として確定させ，「より上位の目標の達成を目的として設定
された実現を目指す具体的な水準」と定義しました。また，この際に生成した
概念の類似例の確認だけでなく，対極例についての比較の観点からデータを見
ていくことにより，【達成目標】や【望み】といった概念を生成しました。ま
た，他の概念の観点から【手段目標】という概念の定義および概念名の妥当性
の吟味を継続的に行いました。

（2）〈諦め〉体験を構成する三つの要素

　全29エピソードを分析した結果，〈諦め〉体験が〈諦めた内容〉，〈諦めたきっ
かけ〉，〈諦め方〉の大きく三つの要素から構成されていることがわかりました。
カテゴリー，概念，定義，各々について具体例が得られたエピソードの数を示
します（表2-3）。

　以下，カテゴリーごとに〈諦め〉の構造を説明していきます。

（3）諦めた内容

　〈諦めた内容〉とは，文字通り，何を諦めたか，ということです。〈諦め〉は
発達段階に応じて異なった構造を有していると考えられますが，今回得られた
データは，目標，すなわち「達成することを目的として設定された具体的な水
準」に関するものがほとんどであり，喪失体験などの〈諦めた内容〉が目標で
はないものはほとんど見受けられませんでした。そのため，青年期に特徴的な
〈諦め〉として目標に対する〈諦め〉を取りあげ，それについて分析していく
ことにしました。まず，目標という観点からは【達成目標】と【手段目標】と

第2章　〈諦め〉の全体像を理解する

表2-3　得られたカテゴリー，概念，定義

カテゴリー名	概念名（エピソード数）	定義
〈諦めた内容〉	【達成目標】（21）	それ自体を達成することを目的として設定された，実現を目指す具体的な水準
	【手段目標】（12）	より上位の目標の達成を目的として設定された，実現を目指す具体的な水準
	【望み】（13）	当人がこうしたい，こうなったらいいと思っていることで，いまだ具体化されていない抽象的な水準
〈諦めたきっかけ〉	【失敗可能性の認識】（5）	今後努力を続けても当該の目標の達成に失敗する可能性があることを認識すること
	【達成困難の認識】（16）	現状では自分にとって当該の目標の達成が困難であると認識すること
	【実現不可能の認識】（12）	自分の努力とは関係なく，当該の目標の実現が絶対に不可能であることを認識すること
〈諦め方〉	【戦略再設定】（10）	現在と同じ望みに関して，現在とは別の目標を設定し，当該の目標の達成にエネルギーを費やすことをやめること
	【目標の妥協】（6）	当該の目標の達成にエネルギーを費やすことをやめ，現在より目標水準の下の目標に対してエネルギーを費やすこと
	【現状の許容】（5）	当該の目標の達成にエネルギーを費やすことをやめ，現在の達成水準を許容すること
	【目標の再選択】（6）	現在とは異なる望みに関して，現在とは別の目標を設定し，当該の目標の達成にエネルギーを費やすことをやめること
	【目標の放棄】（7）	当該の目標の達成にエネルギーを費やすことをやめること

いう二つの概念が得られました。具体例を以下に示します。

　　E：大学にはいりたい理由っていうのも特段なくて，自分の場合はX大学
　　に入るっていうのが，こういう仕事に就きたいから大学に行くとか明確な
　　目標がなくて。…（中略）…でも（レベルが）下の大学には行きたくない。

　この例ではX大学を志望する理由について語られていますが，「大学に入る」

43

第Ⅰ部　〈諦め〉は私たちの人生や心の健康にどうかかわるか

という特定の具体的な目標は，何か別の目標を達成するための手段となっているわけではなく，それ自体達成すべき目標となっています。そのため，このような種類の目標を【達成目標】と概念化しました。一方で同じ目標でも，以下のような例もあります。

> H：イラストレーターを目指そうと考えていたことがあって，…（中略）…自分の個性を発揮したいなっていう欲求がずっとあったもので，その中で他の人とは違う進路を選べたらいいなということで，絵をかいて仕事にするっていうことを一つ考えていたわけです。

　ここでは自分の目標を決めた理由について語られていますが，「イラストレーターを目指す」という目標は「絵をかいて仕事にする」という目標の下位目標となっています。つまり，この「イラストレーターを目指す」という目標は先ほどの【達成目標】のように，それ自体を達成することを目的として設定された目標ではなく，「絵をかいて仕事にする」という目標を達成するための一種の手段です。このような種類の目標を【手段目標】として概念化しました。【手段目標】は，一つの【達成目標】に向かう軸上にいくつも設定することが可能であると同時に，同水準に複数想定できます。そのため，【手段目標】は【達成目標】を達成するための下位の目標であり，【手段目標】と【達成目標】には下位，上位という関係が想定されます。

　また，Hは二つの目標の他に「自分の個性を発揮したいなっていう欲求」を述べていますが，これは具体的な水準ではなく，達成を目指す目標ではありません。抽象的な水準の理想であり，実現してほしいという欲求です。そして，この「自分の個性を発揮したい」は，二つの目標の基盤となっています。このような種類の欲求を【望み】と概念化しました。【望み】は，【手段目標】と【達成目標】という具体的な水準の基盤となる欲求であり，目標達成のための原動力であり，【手段目標】および【達成目標】を包括しながら，現在設定している以外の【手段目標】や【達成目標】も包括しています。そのような意味で【望み】がもっとも上位，次に【達成目標】【手段目標】という関係性が想定でき

44

第2章 〈諦め〉の全体像を理解する

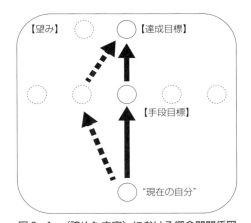

図2-1 〈諦めた内容〉における概念間関係図
（注）円は目標を示し、線は目標達成の経路設定を示す。実線は現在の、破線は可能性のある目標および達成経路を示す。

ます。また【望み】を考慮すると複数の【達成目標】を想定できます。

　図2-1において、【望み】は、現在の、およびとりうる【達成目標】【手段目標】を包括するものであるため、全体を囲む黒線で表現されています。【達成目標】【手段目標】【望み】はお互い関連し合ったものであり、抽象的な【望み】が現実における様々な条件との兼ね合いによって、【手段目標】および【達成目標】に具体化されます。さらに、【望み】を基盤として、【達成目標】【手段目標】はつねに移り変わるものです。図2-1の黒の点線の矢印は、現在とは別の【手段目標】をとり、【達成目標】に向かう例を示しています。

　　C：仕事やるんやったら名が残るぐらいのことをしたいと思って、哲学者になりたいと思ったんですけど諦めました。…（中略）…結局もっと人と会ったりかかわったりしたいから。学者にはなりたいんですけど、哲学者になるのをやめたんです。なりたいとは思ってて諦めました。

　この具体例では自分の目標が変化していった過程について語られています。当初「哲学者になる」という【達成目標】があったことが語られていますが、

45

第Ⅰ部　〈諦め〉は私たちの人生や心の健康にどうかかわるか

「もっと人と会ったりかかわったりしたい」という【望み】が明確になると，「学者になる」という【達成目標】，「哲学者になる」という【手段目標】が語られています。このように，【達成目標】であったものが，自らの【望み】からより上位の目標が生じることで，【手段目標】に転化する場合もあります。つまり，【望み】，【達成目標】，【手段目標】は静的に定まったものではなく，それぞれたえず別のものに変わったり，お互い影響を与え合ったりすることがみられます。これらの【望み】，【達成目標】，【手段目標】は，図2-1のような3層のツリー的な構造になっていますが，当人にそのすべてが意識されるわけではなく，多くの場合意識されるのはこの一部であり，そのことが【望み】，【達成目標】，【手段目標】の間の変化可能性を生じさせているものと考えられます。

（4）諦めたきっかけ

〈諦めたきっかけ〉とは，どのようなきっかけがもとで諦めたか，ということであり，【失敗可能性の認識】，【達成困難の認識】，【実現不可能の認識】という三つの概念が得られました。まず，【失敗可能性の認識】の具体例を示します。

> F：（大学受験期に）**成績の伸び悩みとかで，ぎりぎりねばって秋ぐらいに結局志望校変えたみたいなのがあった。先生とかにも言われたし，自分的にも浪人とかはいやだったので。**無難な受かりそうなとこにしようかなと思って，志望校諦めたかなっていうのはある気がします。

この例では，現役で第一志望の大学に合格することが目標となっている中で，なぜ志望校を変えたかが語られています。ここでは，ある時点での目標達成が目指されており，試験や成績といった要因によりそれに失敗するかもしれないという認識が生じ，それが諦めるきっかけとなっています。

次に得られた概念として【達成困難の認識】があります。

> K：仕事の中で疲労していって精神的にもお前はだめだだめだといわれる

ことで気持ちも落ちて行って…（中略）…親に携帯に電話して，もう，大変だった。正直しんどいと，っていうときに，親が無理しないでいざとなったらやめて帰っておいでって言ってくれてた。でもそういわれつつもなかなかそこまでふんぎりがつかずに，その繰り返しの日々が続いたんですけど…（中略）…あるときにもうほんとに無理。ほんとにやめようって。

　ここでは，ある仕事についたが，その仕事を続けていくことを諦めるまでの過程が語られています。このように【達成困難の認識】とは何らかの外的な原因をきっかけとして，これまで頑張ってきた目標の達成が困難であることを認識することです。この困難がどの程度の困難であるのかはかなり幅があり，少し難しそうというレベルから不可能に近いというレベルまでの広い範囲を含んでいます。また，Kはこのまま仕事を続けるか，諦めるかの葛藤があり，もしかしたら無理かもしれないという状態がありながら，それでも諦めることにふんぎりがつかないという状態を経て【達成困難の認識】に至っています。これは【失敗可能性の認識】を経て，【達成困難の認識】に至っているとみることができ，【失敗可能性の認識】と【達成困難の認識】は時間軸上で前後する関係と考えられます。

　次に得られた概念は【実現不可能の認識】です。これは目標の実現が不可能であると認識することです。

　F：（活動への復帰を）諦めようと思った。でも同期のあたたかさみたいなのがあったから戻ろうと思った。戻りますって言ったのに，Xだけが許してくれなくって，戻れなかった。…（中略）…あ，戻れないんだっていうのは確信した。いくら願っても無理なことは無理なんだなと思って。

　この例では，一度離れた集団に復帰しようとしたときのことについて語られています。このように，自分の努力とは無関係に，当該の目標の実現が不可能であると認識することが諦めるきっかけとなることがあります。この【実現不可能の認識】は【失敗可能性の認識】や【達成困難の認識】が目標の達成とい

第Ⅰ部　〈諦め〉は私たちの人生や心の健康にどうかかわるか

うレベルであったのに対して，目標の実現可能性についての概念です。目標を目指すにあたっては，目標が実現可能であるかどうかを判断し，次に自分がその目標の達成を目指すかどうかを判断するという過程を経るわけですが，【実現不可能の認識】が生じると目標の達成云々の判断は意味をなさなくなり，そもそも実現することではないという結論に至ることになります。

　また，上記のＦのエピソードを要約すると「一度，目標の達成が困難であったために，諦めようと思ったが，周囲の支えで戻ろうと思った。しかし，許されず戻れないことを確信した。」というものです。ここでは一度【達成困難の認識】を経て，【実現不可能の認識】に至っています。そのため，【達成困難の認識】と【実現不可能の認識】は時間軸上で前後に位置する概念であると考えられます。【実現不可能の認識】に至れば，目標の達成はおのずと不可能なことが明らかになるため，【実現不可能の認識】は，目標の達成や実現の困難性に関する最終的な認識であるといえるでしょう。

　〈諦めたきっかけ〉の概念間の関係として，【失敗可能性の認識】，【達成困難の認識】，【実現不可能の認識】の順に，時間的な経過がみられると考えられます。そして，当然ながら，それぞれの認識の背後には，目標達成への努力がうまくいかないと感じられる外的な要因があるわけです。あらためてこの３概念の関係を考えてみると，時間が経過するにつれ何度も目標達成への努力がうまくいかないことを認識するわけですから，目標達成が困難であることについて，認識の深まりが生じていると考えられます。前述のＫの例では時間的経過に沿って，目標達成が困難であるということを何度も何度も繰り返し体験し，最終的に目標を実現することはできないのだという認識に至ったことが以下のように述べられていました。

　　Ｋ：何が（退職の）きっかけだったか。４回連続アクシデント。…（中略）
　　…１回目のときは私の能力的な意味でのできない。２回目はそこで自分の
　　能力の限界，向き不向きじゃなくてできない。４回目のときにもう無理と
　　思って。もう無理私はこの仕事向いてない。

第2章 〈諦め〉の全体像を理解する

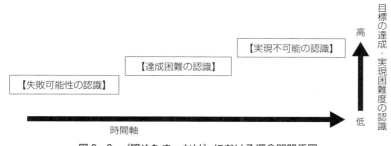

図2-2　〈諦めたきっかけ〉における概念間関係図

　ここでは，仕事中のアクシデントが重なり，仕事をやめることを決心したときのことが語られています。この例に見られるように，【失敗可能性の認識】，【達成困難の認識】，【実現不可能の認識】という3概念の間には時間的経過だけでなく，目標の達成・実現困難度の認識の程度の高低という関係があります（図2-2）。

（5）諦め方

　〈諦め方〉は，目標をどのように諦めたか，であり，【戦略再設定】，【目標の妥協】，【現状の許容】，【目標の再選択】，【目標の放棄】の5概念が得られました。なお，予備調査では「諦めた理由」であったものが本調査の分析の結果より明確になり〈諦め方〉となっています。

　まず，〈諦めた内容〉の説明でも触れたように，現在設定している【手段目標】を放棄し，別の【手段目標】を設定することで【達成目標】に向かう例があります。このような〈諦め方〉を【戦略再設定】と概念化しました。しかしながら，つねにこのように【手段目標】を柔軟に変化させることができるわけではありません。時には，現在設定している目標より水準を下げて，新しい目標を設定しなければならない場合もあります。これが【目標の妥協】です。以下に具体例を示します。

　　D：（大学試験に）失敗してこのままだときつい。これ以上失敗できない

状況だったので諦めようって。悩んだけど，X大学にしようって考えて，ある程度目算をもって合格した。諦めて自分の行きたい道とずれた。

　この例では，何度か試験がある中で一次試験に失敗し，志望先を変更したときのことが語られています。このように，【目標の妥協】は，【戦略再設定】と現在の目標を放棄するという点で同じです。しかし，【戦略再設定】で次に設定される目標は，【手段目標】としての位置づけであり，あくまで【達成目標】の達成が目指されていたのに対して，【目標の妥協】で次に設定される目標は，現在の目標水準より下の目標という位置づけとなり，【手段目標】という位置づけをとっていません。【目標の妥協】では，【達成目標】のための【手段目標】を考えたり，自らの【望み】にもとづいて目標を再考する時間的，状況的余裕がなく，とりあえずの目標を選択するという側面が強調されています。

　次に，目標を放棄するものの，現在の自分の状態や達成してきたものに満足し，これ以上次の目標を設定しないという〈諦め方〉も語られました。

　G：就職難で一回落ちると状況がかなり悪くなるので，X会社にとりあえず入ろうと。で，翌年持ち越すとよろしくないなっていうのが自分の中で感じてましたのでこれも縁だと思って。X会社もまだ許容範囲かっていう判断があったので。方向性からは外れてない。…（中略）…自分に逃げ道が用意されたっていう気分でした。

　このGの例では，第一志望の就職先には落ちてしまい，強く希望していたわけではなかった別の就職先に内定が決まったときのことについて語られています。これは自分が達成できたことをある程度満足，許容し，元々の目標を放棄しているとみることができ，これを【現状の許容】と概念化しました。

　これら【戦略再設定】，【目標の妥協】，【現状の許容】という三つの概念はいずれも，同じ【望み】の範囲での〈諦め方〉といえます。しかしながら，現在設定している目標を諦め，まったく別の【望み】にもとづいた目標を設定するという〈諦め方〉もみられました。

第2章 〈諦め〉の全体像を理解する

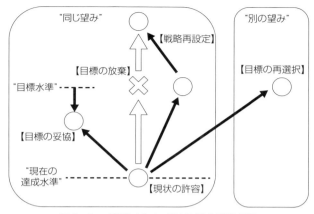

図2-3 〈諦め方〉における概念間関係図
（注）円は目標を示し，黒の太線は各〈諦め方〉の目標達成の経路および放棄の特徴を示す。

E：自分の場合は大学に入ってるっていうのが，周りが入ってるとか親とか，変な義務感っていうとあれんですけど，要は特定の大学に行ってこの勉強がしたいから，こういう仕事に就きたいから大学に行くとか明確な目標がなく…（中略）…でももし会社に受かったら，自分のやりたい仕事がXにたずさわること。大学に行くっていう以外の道があるっていうのがあきらめた理由の一つ。会社に行くから大学をあきらめた。

　この例では大学進学を目指すか，それともそれを諦め，会社で働くことを目指すかの葛藤が語られています。大学に進学するという目標の背景にある【望み】は明確ではなく，一方で会社に入社するという目標の背景にある【望み】は「Xにたずさわる」ことであったわけです。これは，現在設定している目標を諦め，まったく別の【望み】にもとづいた目標を設定する諦め方とみることができます。これを，【目標の再選択】と概念化しました。【戦略再設定】，【目標の妥協】，【現状の許容】が同じ【望み】に関する概念だったのに対して，【目標の再選択】は異なる【望み】に関する概念です。

第Ⅰ部　〈諦め〉は私たちの人生や心の健康にどうかかわるか

　ここまでで【戦略再設定】，【目標の妥協】，【現状の許容】，【目標の再選択】という四つの概念が得られましたが，その四つのどの諦め方もせずに，ただたんに目標を放棄するという場合もみられました。そのような場合を【目標の放棄】と概念化しました（図2-3）。

　なお，〈諦め方〉を構成する各概念にはいずれも目標の放棄ということが含まれているわけですが，どのように放棄するのかという点で異なっていると考えられます。

（6）〈諦め〉の行動的定義と機能

〈諦め〉の定義とカテゴリー間の関連

　これまでの分析で得られた〈諦めた内容〉や〈諦めたきっかけ〉，〈諦め方〉というカテゴリーはいずれの諦め体験のエピソードにも共通したもので，〈諦め〉ということに必要不可欠な構成要素です。そのため，分析をもとに青年期に特徴的な〈諦め〉を「自らの目標の達成もしくは望みの実現が困難であるとの認識をきっかけとし，その目標や望みを放棄すること。」と定義しました。〈諦めた内容〉において，【達成目標】と【手段目標】はいずれも目標であるという点で共通しているため，「自らの目標の達成もしくは望みの実現」という表現になっています。〈諦めたきっかけ〉において，【失敗可能性の認識】と【達成困難の認識】は達成もしくは実現の困難度の認識という点で共通しているため，「困難であるとの認識」という表現になっています。〈諦め方〉は，能動的であるか受動的であるかという差はあるものの，いずれも目標や望みを放棄するという点では共通しているため，「目標や望みを放棄する」という表現になっています。

　〈諦め〉の三つのカテゴリーのうち，〈諦め方〉は，〈諦めた内容〉の放棄の仕方を指しており，〈諦めた内容〉と強い関連があります。一方，〈諦めたきっかけ〉は諦める契機に関するカテゴリーであり，他の二つのカテゴリーとの関連は薄いと考えられます。加えて，〈諦めたきっかけ〉や〈諦めた内容〉は，その名前の通り，〈諦め〉に付随する内容や契機であるのに対して，〈諦め方〉

は，諦めるという行動のバリエーションそのものです。そのため，これら三つのカテゴリーのうち，青年期に〈諦め〉のもっとも核となる部分といえるのは，〈諦め方〉という行動的側面といえるでしょう。

行動的側面から見た〈諦め〉と心の健康

この〈諦め方〉という観点から精神的健康との関連について整理しておきます。

【戦略再設定】と【目標の再選択】は，次の目標の選択が同じ【望み】の範囲内か別の【望み】の範囲内かという点で異なっているものの，現在とは別の目標を選択しその結果として現在の目標を放棄するという側面が共通しています。そのため，目標の達成が困難であるという認識が放棄のきっかけであったとしても，新しい目標を能動的に選ぶという側面が強く経験され，現在の目標を諦めるという側面はあまり重視されません。これらの〈諦め〉では諦めるにあたっての，またその後での精神的な苦痛は小さいという語りが多く，精神的健康の維持という観点からはポジティブな機能を有する可能性がある〈諦め〉であるといえます。

逆に，【目標の妥協】，【現状の許容】，【目標の放棄】は，目標の達成が困難になり，現在の目標をしぶしぶ放棄するという側面が強く，その結果として次の目標や選択肢を選択する側面が強い〈諦め〉です。とくに次の目標を選択しない【目標の放棄】に関しては，諦める際の，および諦めた後での精神的苦痛が大きいという語りが多くみられました。そのため，【目標の放棄】は精神的健康の維持という観点からはネガティブな機能を有する可能性がある〈諦め〉であるといえます。

次に【目標の妥協】と【現状の許容】は，次の目標を設定するか，現在の達成水準を許容しすでに得られている選択肢を選ぶかという点で違いはあるものの，現在の【望み】に関して次の目標や選択肢を選ぶ点に関しては共通しています。【目標の妥協】と【現状の許容】に関しては，諦めたことが肯定的に語られる場合と否定的に語られる場合とがあり，それぞれ例を以下に示します。

第Ⅰ部　〈諦め〉は私たちの人生や心の健康にどうかかわるか

F：諦めてから，大学入っても最初はこんなところで私は友だち作らないと思ってたから，私はどうせ外でるからと思ってたし，それでしんどかった時期もあった。劣等感は半端なかった。諦めたときからずっとある。…（中略）…挫折って感じ。みじめとか。

G：諦めて楽になりましたね。いままで就職に向けて頑張ってきたわけですが，非常に不安だったんです。落ちたらどうなるんだと。そういった状況で門戸を開いてくれまして，受かった段階で自分の中でかなり安堵が広がってたんです。…（中略）…自分に逃げ道が用意されたっていう気分でした。

　ここでFは第一志望の大学を諦め，別の大学に進学した時期のことを語り，Gは第一志望の会社を諦め，別の会社に就職を決めた時期のことを語っています。両者の内容は似通っていますが，諦めたことの捉え方は相反していることがわかります。【目標の妥協】と【現状の許容】は一見，安易な対処のようにも思えますが，別の側面から見れば本人の身の丈に合った道を選択したともみることが可能です。そのように考えると【目標の妥協】，【現状の許容】は否定的な側面も強いですが，目標や望みの内容および現在の環境によってはそれらが当人の精神的健康の観点から最適の選択である可能性も十分にあり，文脈に応じてその機能は異なると考えられます。

2　〈諦め〉の三つの心理プロセス
——未練型・割り切り型・再選択型

（1）再分析の視点——機能によって〈諦め〉プロセスを分類する
機能からの〈諦め〉概念の捉え直し——行動から心理プロセスへ

　前節では青年期の〈諦め〉に関する29エピソードを質的に分析した結果，〈諦め〉が〈諦めた内容〉〈諦めたきっかけ〉〈諦め方〉から構成されること，またそのうちの行動的側面である〈諦め方〉が青年期の〈諦め〉のもっとも核とな

る部分であることを述べました。そして，各〈諦め方〉と心の健康の関係について述べました。

　一方で，〈諦め方〉という行動に着目するだけでは〈諦め〉の精神的健康に対する機能を捉えるには十分とは言いがたいこともみえてきました。たとえば，上記の【目標の再選択】と【戦略再設定】，あるいは【目標の妥協】と【現状の許容】に関しては，〈諦め〉が短期的には精神的健康に負の影響を及ぼしても，長期的には精神的健康に正の影響を及ぼすといったことも十分考えられます。そのため，ある一時点の行動が精神的健康に及ぼす影響を捉えるという枠組み自体が，〈諦め〉の機能を捉える上で十分ではないといえます。したがって，〈諦め〉の精神的健康に対する機能を検討するにあたっては，どの時点での精神的健康を問題にしているのかに注意する必要があります。

　これらのことを踏まえると，〈諦め〉が不本意なものであったとしても，そこからどう立ち直るか，どのように精神的健康を改善させていくかというプロセス的な側面に着目する必要があると考えられます。つまり，〈諦め〉を一時点の行動や傾向としてではなく，ある一定の時間軸を持ったプロセスとして捉えることで，精神的健康の維持や向上への貢献という〈諦め〉の機能についてより詳細に検討することが可能になります。

　そのため，本節では前節の定義を参考に〈諦め方〉という一時点の行動を踏まえた上で機能の観点からデータを再分析し，それぞれの〈諦め方〉に至るプロセスやその後のプロセスを追うことで，〈諦め〉のプロセスモデルを提案することとしました。なお，対象者と分析方法は前節と同様です。M–GTA にもとづいた研究テーマは，「〈諦め〉がどのように体験されるか，そのプロセスを把握する」，分析テーマは「後青年期の若者の夢や目標を諦める体験のプロセスはどのようなものか」，分析焦点者は「後青年期の若者のうち諦めた体験がある者」となっています。なお，前節と同様に，分析で得られた概念を【　】で，カテゴリーを〈　〉，具体例を太明朝体，具体例においてもっとも当該概念と関連する部分を下線で示しています。また，アルファベットは各調査協力者を示します（表 2–1 参照）。

第Ⅰ部 〈諦め〉は私たちの人生や心の健康にどうかかわるか

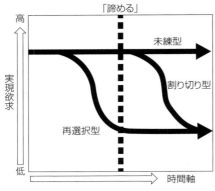

図2-4 実現欲求による〈諦め〉プロセスの分類

予備的な分析──【実現欲求低下】と〈諦め〉プロセスの3分類モデル

はじめに,前節で得られた【戦略再設定】,【目標の妥協】,【現状の許容】,【目標の再選択】,【目標の放棄】という各〈諦め方〉ごとにエピソードを分類した上で,それぞれのエピソードを諦めた後の精神的苦痛の大小という精神的健康の観点から分類しました。とくに,精神的健康に対する機能が相反していた【目標の妥協】および【現状の許容】において,なぜそのような結果が得られたのかということを念頭に,〈諦め〉の機能という観点からそれぞれのエピソードに共通する特徴を探った結果,【実現欲求低下】という概念が抽出されました。この【実現欲求低下】とは,「当該の目標が実現してほしいという気持ちが低下すること」です。この【実現欲求低下】という観点から,精神的健康に対する機能が異なる〈諦め〉プロセスを分類することが可能であると考えられました。具体的には,【実現欲求低下】と協力者が語る「諦めた」時点にもとづき,〈諦め〉プロセスを,【実現欲求低下】が生じない未練型,諦めた後に【実現欲求低下】が生じる割り切り型,諦める前に【実現欲求低下】が生じる再選択型の3パターンに分類し,分析を進めていくこととしました(図2-4)。

(2) 得られた概念の定義と具体例

分析の結果得られた概念の定義と具体例を表2-4に示しますので,適宜参照してください。

第2章　〈諦め〉の全体像を理解する

表2-4　各概念の定義および具体例

	【実現欲求低下】	定義：当該の目標が実現してほしいという気持ちが低下すること
1	J：片思いって相手が何となくいけるんじゃないかみたいな雰囲気がないと続かない…（中略）…（最終的に）もういいや。頑張る価値ないわって感じなんですよ。頑張る価値があるものは頑張ってきたから。	
	【うまくできないだめな自分】	定義：自分が目標の実現に向かって努力する中でうまくいかないことから自分を否定的に捉えること
2	L：やっぱり無理なんだなって。…（中略）…だからすごい傷つくじゃないですか，私頭悪いみたいな。自分がすごいできない子だって思うのがつらかった。…（中略）…なんかできない子みたいな。ダメな子になる。	
	【達成エネルギーの低下】	定義：目標達成のために向けられるエネルギーが低下した状態のこと
3	N：一時期すごいやる気があったけどだんだんそれが低下していき，いいなと思って練習したりしたけど…（中略）…強いられて練習することに耐えられなくなって，練習いくのもいやになって。	
	【達成エネルギーの残存】	定義：一度放棄した目標の達成のためにエネルギーが向けられていること
4	F：今はそうでもないけど，大学入って，レベルの低い大学入ったときに絶対に再受験すると思って，東京出てきたけど，全部，国語算数理科社会，全部の参考書とかは持ってきた。絶対に再受験，仮面浪人って言うのかな，しようっていうのは絶対思ってた。	
	【実現欲求の残存】	定義：一度放棄した目標の実現を望む気持ちが残存していること
5	C：でもそう（Xと付き合う）あってほしいなとは思ってたんです。だから気になってたんです。…（中略）…その後もずっと。どうしてるんだろうっていうのが。ちらちら話とか聞いたりして気にしてました。	
	【うらやましい】	定義：自分が放棄した目標を達成した，もしくは達成に向かって努力を続けている人々をうらやましいと思うこと
6	N：ピアノ弾ける人見るといいなとかうらやましいなとか，あのとき高校，音楽学校いってればなっていうのはある。…（中略）…悩んだりとかはないけど，夢見たりはする。	
	【後悔】	定義：過去自分が目標を放棄したことやそこに至るまでの経緯を悔やむこと
7	B：みんなが部活してるのとか見るわけじゃないですか。校庭とかで。それはわりとしんどいです。あーみんなやってると。…（中略）…あの子も勉強大変なはずなのに私はやめた。…（中略）…後悔とか罪悪感とか。	

57

第Ⅰ部　〈諦め〉は私たちの人生や心の健康にどうかかわるか

8	【嫌な思い出】	定義：自分が目標を放棄した経験に関して，何とも言えない嫌な思いがあること
	K：今回の職場に関してはもうその職場に戻りたくない。苦い思いがある。もうちょっとあそこでああしてればとかない。過去のことに関して，もう戻りたくない。	
9	【前向きになれない】	定義：以前の目標を放棄したことの影響で新しい目標の達成に向かう欲求やエネルギーがないこと
	A：気持ち的にはちょっとありましたけどレギュラーまでは無理やなと思ってましたね。…(中略)…まあでもその中でも一つでも上に行こうと思って練習はするけど，しんどくなったときに，レギュラーなるの無理やしってちょっとした日々の練習をちょっとずつさぼる。	
10	【諦めても支えてくれる】	定義：目標の放棄に関する自分の意思決定を周りの人が理解し，尊重し，サポートしてくれること
	K：親に携帯に電話して，もう，大変だった。正直しんどいと，っていうときに，親が無理しないでいざとなったらやめて帰っておいでって言ってくれてた。…(中略)…諦めたときに帰る場所があるってことだから大きかったと思う。	
11	【目標への努力を評価してくれる】	定義：自分の理想とする目標の設定や達成に関する自分の努力を周りの人が理解し，尊重し，サポートしてくれること
	H：あ，なんか意外とこういうやり取り，こういうことを伝えたら認めてくれるんだなっていうのをちょっとずつ感じた部分はあって，…(中略)…それならもうちょっとアピールしてみようかなと思えて。それでちょっとずつ積極的にアピールしたり喋ったりできるようになっていった。	
12	【達成エネルギーの転換】	定義：目標達成に向けて固着していたエネルギーが別の目標に移ること
	I：そこで諦めないでずっとXやりたいみたいな感じでやってたら，どこかですごい挫折したと思うけど，才能のなさとか，そこに気づけたことで，今はYとかそういったことで，今はそっちの方でいけてるから，そこで早々に気づけたことはすごいよかった。	
13	【うまくいくのが当たり前】	定義：自分が高い目標や目標水準を達成することが当然であると思っていること
	L：私わりとそれまで試験とかあんまり苦労したことなくて，大学受験も浪人はしたんですけど，本当に勉強してなかったから当然だろ的な，がんばったのにだめだったとかあんまなくて，だからちょっとやればなんとかなるかなってけっこう思ってた。	
14	【0か100か】	定義：自分を，設定した目標を達成できたか，できなかったかの二択で評価すること
	E：物事をやろうとしたときに100が最高だったときに，100を目指す癖がある。…(中略)…70点の大学に行ったとして，実現したとして自分の中で達成感がないんです。…(中略)…行きたい大学に行けるか行けないかのそこでわかれちゃうんで，70点も0点も近いものかなっていう。	
15	【ふんぎりがつかない】	定義：これまでやってきた努力や目標水準を鑑みてここで現在の目標の設定をやめることを躊躇すること
	B：そうですね。どうしようとか悩んでました。やめたら後悔するかもとか。ここまでがんばったし。みんなわりとXやってないのにわりとここまで頑張ったしどうしようって。	

第2章 〈諦め〉の全体像を理解する

【他に目標がない】	定義：現在設定している目標以外に，理想とするもしくは許容範囲の設定可能な目標がないこと

16 H：そのときにはもう一方で研究者になる気はなく，かといって一般企業での就職ということについて，恐怖感というか，一般社会人としてやっていける自信がまったくないというようなことがあって，…(中略)…第三の道を見つけないと自分の行き先が何もないんじゃないかって。

【目標の刷り込み】	定義：周囲の持つ価値観を内面化し，それにもとづいて自分の目標や目標水準を決定すること

17 M：家族だったり家系の中でこれがいいんだっていうのがあって，自分もそれがいいんだっていうのをもって，何かになるっていうことをイメージする。…（中略）…Xになりたかったけど結局Yになって夢を果たせずみたいな，それで子どもができたらZこそ至高みたいな。

【客観的自己整理】	定義：現在およびこれまでの自分の体験や状況を外在化し，それを客観的に捉え直すこと

18 J：友だちに喋るから，これぐらいショックなことなんだとか，私ほんとにXできないんだとか。じゃあどうするのとか，Yとかするのとか聞かれて，あ，なるほどそういうことかみたいな。頭の中だけぽやんとしてたことが実際に迷うとかどうこうするとか，って感じだったりする。

【自己の特性としての認識】	定義：現在設定している，もしくはしていた目標に関連して，自分の一側面に自己の特性としての意味づけを行うこと

19 C：これで最後っていう覚悟で始まったXすら続かなかったおれはだめだと思いました。…(中略)…やめてすぐまたやめてしまった。その後もういいやと思いました。…（中略）…過去を振り返って続いたものはなにもないと。これは，俺はそういう風な人間なんだって。

【思っていたのと違う】	定義：自分が設定している，もしくはしていた目標が自分の望みとは異なることに気づくこと

20 N：たぶんその映画を見て，いいな，ああいうのって思ったときにそうなるためにはXに行くのがルートとしてはいいなと思ったけど，自分がやりたかったのはそこじゃなかったっていうことだったんだと思う。今思えばね。

【別の選択肢がある】	定義：現在設定している目標以外に，理想とする目標もしくは許容範囲の選択肢があると気づくこと

21 K：それがいくつか別の選択肢があるってわかって，そこそんなにこだわらなくても，やめてもいいんだって思った。私は一つの職場に行ったら3年間は勤めるものだと思ってたから，3年間はやめれないって思ったのを，あ，3年間無理に続けなくてもいいんだ。

【向いていない】	定義：現在設定している，もしくはしていた目標を達成するにあたり，自分の現在の条件では目標達成に向いていないことに気づくこと

22 C：Xになるにはある程度条件的に恵まれてないとなれないんじゃないかと思いました。親が金持ちなわけでもないと，家にあんまり金があるわけでもないし，働いてほしいんだろうなっていう期待も感じてました。Xになる条件を満たしてないんじゃないかっていう感覚。

59

第Ⅰ部　〈諦め〉は私たちの人生や心の健康にどうかかわるか

【プラスにならない】	定義：現在設定している，もしくはしていた目標の達成にこれ以上固執しても自分にとってプラスにならないことに気づくこと

23　A：僕が中に入って練習前のレギュラーのリズムを崩すとか，一回とか機会を減らすわけじゃないですか，僕が混じることで，…（中略）…僕がもしそこで練習する時間に使ってても，プラスになることがなかった。自分にとってもチームにとっても。

【諦めるしかない】	定義：現在設定している目標に関して，自分の努力ではどうにもならないことを認め，目標を手放す以外の選択肢がないという結論に至ること

24　D：他にすべがなかったっていうのがだんだんわかってきた。すべがないのにちょっとこれ以上どうにかするのはどうも違うと思って。…（中略）…周りの人から協力とか助けを求められる雰囲気でもないし。ここでこれ以上なんかしても仕方ないなって。

（注）　アルファベットは各調査協力者を示す。なお，原データを引用している箇所において，当該概念ともっとも関係の深いと考えられる個所に下線を引いている。

（3）〈諦め〉の心理プロセスⅠ：未練型

　未練型は，放棄した目標にとらわれてしまう〈諦め〉プロセスと言えます。未練型ではまず，「目標の達成困難・不可能の認識」の後に，【うまくできないだめな自分】および【達成エネルギーの低下】といった状態に陥ります。そして「目標の放棄」の後に，〈未練〉が生じ，それが〈前向きになれない〉や〈目標へのとらわれ〉といった状態を生じさせるというプロセスを経ていました（図2-5）。

　諦めるにあたっては，目標が達成困難，あるいは実現不可能であるとの認識が生じ，その際【うまくできないだめな自分】と自己を否定的に認知することがあります。また一方では，目標達成のための行動をうまくとることが難しかったり，目標達成にエネルギーをうまく向けることができないという，【達成エネルギーの低下】が生じます。これら認知面と行動面でのうまくいかなさは相互に影響する関係にあり，ときにはそれが悪循環に陥っていくことも多くみられました。この時点では【実現欲求低下】は生じておらず，目標達成をしたいという欲求はありながら，目標達成に向けての努力をしたくない，もしくはする気になれない，もしくはしたくてもできないなどの苦痛な状態となります。

第2章 〈諦め〉の全体像を理解する

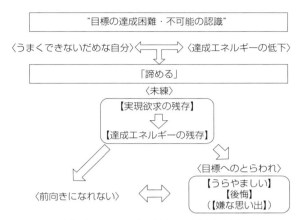

図2-5　未練型における諦めるプロセス
（注）　とくに重要な概念はカテゴリーとして示す。

　なお，この部分は未練型，割り切り型，再選択型のいずれにも共通するプロセスであり，未練型と割り切り型において，この【うまくできないだめな自分】と【達成エネルギーの低下】が直接〈諦め〉に繋がっています。

　未練型では，諦めた後も前の目標達成のためのエネルギーがまだ残っている状態を示す【達成エネルギーの残存】や，その目標，および望みが実現してほしいと思っている状態を示す【実現欲求の残存】が生じます。この際の欲求の残存の程度には個人差がありますが，時間がたったからといって徐々に欲求が低下していくということは少なく，何ともいえない気持ちや精神的な苦痛を感じている場合も多くみられました。一方で，個々人の対処によってその苦痛が軽減されることも多いと考えられ，気持ちの整理や洞察，環境の変化などで【実現欲求の残存】を解消することが非常に重要であると考えられます。また，目標を達成したいという気持ちや欲求が少なくなれば，そこに向けられるエネルギーも少なくなるのが当然です。しかし，その逆は生じにくいといえます。つまり，目標に向けられるエネルギーが少なくなったからといって，目標を達成したいという気持ちや欲求が減少するわけではありません。そのため，諦める際に本質的に問題となってくるのは【実現欲求の残存】であるともいえるでしょ

61

第Ⅰ部　〈諦め〉は私たちの人生や心の健康にどうかかわるか

う。これらは，以前の目標を諦められない気持ちや目標へのこだわりを表現したものであると考えられたため，〈未練〉と命名しました。

　この〈未練〉からは様々な状態が生じます。まず，自分が目標を諦め，放棄した際に，その目標を放棄しなかった他の人々を【うらやましい】と感じられることがあります。また，なぜ達成したかった目標を諦めてしまったのだろうという【後悔】の念も多く語られました。加えて，以前放棄した目標に関連する【嫌な思い出】を持つこともあります。これらはいずれも以前放棄した目標に対するこだわりを表現しているため，〈目標へのとらわれ〉と命名しています。それらに加えて，新しい目標に【前向きになれない】という概念も抽出され，行動としては目標を放棄したものの，心理的な面では欲求やエネルギーが以前の目標にむかっていることを示しているものと考えられます。

（4）〈諦め〉の心理プロセスⅡ：割り切り型

　割り切り型は，放棄した目標にとらわれる気持ちはありながらも，次の目標へ向かうことができた〈諦め〉プロセスです。割り切り型の〈諦め〉プロセスは途中までほぼ未練型と同じですが，諦めた後，〈目標へのとらわれ〉や〈前向きになれない〉といった諦めた目標にこだわる気持ちがありながらも，〈周囲からの尊重〉というサポートを受け，【達成エネルギーの転換】が生じ，【実現欲求低下】が生じます（図2-6）。

　割り切り型の〈諦め〉前のプロセスは未練型とほぼ同一でしたが，【うらやましい】，【後悔】は少なく，とくに【嫌な思い出】はほとんどみられませんでした。その後，割り切り型においては【諦めても支えてくれる】【目標への努力を評価してくれる】【達成エネルギーの転換】という三つの状態が体験されます。

　割り切り型では，未練型と同様に自らが努力してきた目標の達成がうまくいかず，それを諦めざるを得なかった中で，〈前向きになれない〉と〈目標へのとらわれ〉という状態が生じます。そのような中，周りの人が【諦めても支えてくれる】体験が，つらい状態の中でのエネルギーと自信の回復に繋がります。

第2章 〈諦め〉の全体像を理解する

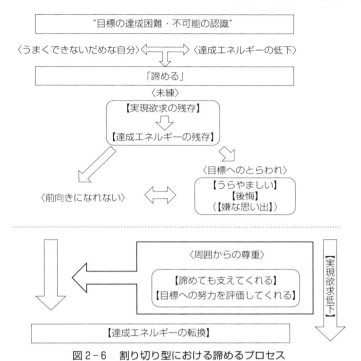

図2-6　割り切り型における諦めるプロセス
（注）　破線より上までは未練型と同様。とくに重要な概念はカテゴリーとして示す。

なお，ここでいう周りの人とは，家族や友だちといったプライベートにおける比較的身近な人々を指します。一方，周囲の人が【目標への努力を評価してくれる】ことが，力を与えてくれたということも語られました。【諦めても支えてくれる】における周りの人が家族や友だちといった身近な人々であったのに対して，【目標への努力を評価してくれる】における周りの人は，職場の人やサークルの人といったもう少しオフィシャルな人々を指します。これらはいずれも，周囲の人が自分の意思決定や目標に向けての努力を認め，それを尊重してくれるという部分が共通しており，〈周囲からの尊重〉と命名しました。

　そしてこの〈周囲からの尊重〉の結果，【前向きになれない】という状態か

63

第Ⅰ部 〈諦め〉は私たちの人生や心の健康にどうかかわるか

ら，一度妥協した目標やしぶしぶ選んだ選択肢に少しずつ前向きになれるという【達成エネルギーの転換】，その後【実現欲求低下】が生じます。この【達成エネルギーの転換】において，エネルギーがどれくらい転換しているかには個人差があり，少しずつエネルギーが転換している途中の段階やエネルギーに完全に転換した段階の語りもありました。なお，【達成エネルギーの転換】における別の目標というのは，たんに別の目標なら何でもよいというわけではなく，多くの場合，同じ望みに関係する目標となります。

（5）〈諦め〉の心理プロセスⅢ：再選択型

再選択型は，目標を諦める前に【実現欲求低下】が生じる〈諦め〉プロセスです。再選択型は，諦める前に目標に対するこだわりがなくなり，主体的に次の目標に向かう〈諦め〉であるといえます。再選択型では，〈達成エネルギーの低下〉が生じても，〈目標達成への固執〉があるため，そう簡単には諦めず，目標に対する努力を継続します。そのような中で，〈自己の発見と深まり〉が生じ，その結果〈目標に対する気づき〉や〈諦めるしかない〉という認識が生じ，そのプロセスの中で【実現欲求低下】が生じます（図2-7）。

再選択型では，目標が達成困難・不可能であるとの認識が生じていても，目標への努力を続けようとしたり，やめられないという気持ちがあります。その背景にあるものとして，目標の達成が【うまくいくのが当たり前】という認識や自分の設定した目標に【0か100か】で固執する傾向，諦めることの【ふんぎりがつかない】という葛藤が抽出されました。また，現在の目標の【他に目標がない】という語りや，家族や周囲の価値観の影響を受けた【目標の刷り込み】があることも語られました。これらは，いずれも目標を達成するということにこだわる傾向を示していると考えられ，〈目標達成への固執〉と命名しました。このような考え方は目標達成のための原動力となりますが，目標が達成できない状況に陥ると，その目標を諦めるに諦めきれないといった状態に陥るきっかけともなり，精神的健康という観点からは二面性を有していると考えられます。そのため，諦めることの否定的認知と関連しています。

64

第2章 〈諦め〉の全体像を理解する

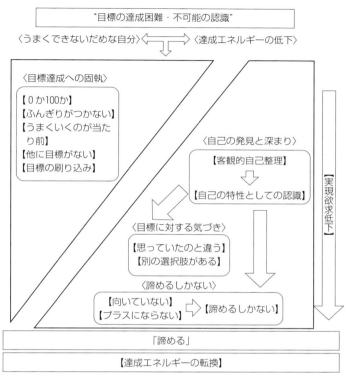

図2-7　再選択型における諦めるプロセス
（注）　とくに重要な概念はカテゴリーとして示す。

　一方で，諦めることの肯定的認知やそれに繋がるプロセスを表現する語りも多く見られました。再選択型で，目標に対する努力がうまくいかなかった際に，最初に多く語られるのは，自分のこれまでの経験や体験，自分の今おかれている状況をなんとか把握しようとする努力です。自分の状況や体験を友だちに話すということで外在化し，【客観的自己整理】が行われます。物事がうまくいかない，できるはずだと思っていたことができないというのは，本人にとって大変苦痛なことであり，ときには現在の自分の経験や体験，状況を受け止めきれず，混乱してしまうといったことも往々にして語られました。【客観的自己

65

第Ⅰ部 〈諦め〉は私たちの人生や心の健康にどうかかわるか

整理】の中で，現在の自分の状態や傾向，およびそこに至るプロセスについて【自己の特性としての認識】を得ることもあります。これは受容や発見という形で語られ，いずれも何らかの事柄を自己の特性として位置づけるのですが，それが当人にとって受け入れがたいものであるときに受容，そうでない場合に発見という形で生じるものです。これらは，いずれも自己に関する新たな事実が判明したり，実感がわくことで，自己理解が深まるという点で共通しています。そのため，〈自己の発見と深まり〉と命名しました。

　一方で目指していた目標が【思っていたのと違う】，今とは【別の選択肢がある】と目標に対する気づきが生じることもあります。理想とする目標に対して努力を続けている最中には，他の選択肢やその目標の詳細を充分に把握できていないことが多くみられます。努力しても今の目標がうまくいかず，【うまくできないだめな自分】がますます増大していく悪循環に陥っていた当人の負担が，気づきにより軽減されるという動的なプロセスが想定されます。これらは，目標に対する気づきという点で共通しており，〈目標に対する気づき〉と命名しました。〈自己の発見と深まり〉という自身の体験や状況の整理，およびそこからの内省は翻って，自分が今設定している〈目標に対する気づき〉に繋がると考えられます。

　また，関心や興味といった自己の内的な条件，あるいは環境的な条件などを考えると，現在の目標は自分に【向いていない】のではないかという洞察が生じることがあります。一方，現在この目標達成に向けての努力をすることが【プラスにならない】のではないかという形で，自己と目標の関係性について洞察が生じることもあります。なおこの【プラスにならない】には，現在の目標に時間やエネルギーを費やすよりも他の目標にそれらを費やした方がいいだろうという気づきと，現在の目標にこれ以上時間やエネルギーを費やすことで，自分のできる範囲以上のことをしてしまい，結局うまくいかなくなるだろうという気づきの２種類がありました。これらは，自己と目標の関係性に関する洞察であり，目標に対する固執が緩まることを表現する概念であると考えられます。この場合，【うまくできないだめな自分】とは異なり，うまくいかないという

66

第2章　〈諦め〉の全体像を理解する

事実はあっても，自己に対する否定的な認知には繋がりません。むしろ自己の限界に対する現実的な認識が先にあり，そこから目標の妥当性を判断するという形となります。これはうまく諦めるにあたって，非常に重要なことであり，同じうまくいかないという事実に対して，適切な判断ができていると考えられます。そして，この【向いていない】と【プラスにならない】が促進すると思われるのが，目標の達成が自分の努力ではどうにもならないので，【諦めるしかない】という認識です。当人の主観においては目標の達成が可能だと思っていても，客観的には目標の達成が不可能な目標を設定し，それに向かって努力し，うまくいかないということも多いと考えられます。そのような場合，往々にして無理をして，心身のバランスを崩してしまうことになります。この【諦めるしかない】は一見否定的なようにみえながら，むしろそのことによってうまく力が抜けて次の目標に向かうことができたり，自分の無理を判断することができることに繋がるため，肯定的な側面も大きいといえるでしょう。これら一連の流れは，目標への固執を緩め，諦めることへ至る流れであり，〈諦めるしかない〉としました。

　〈目標達成への固執〉が諦めることの否定につながるのに対して，〈自己の発見と深まり〉から〈目標に対する気づき〉および〈諦めるしかない〉に至る流れは，自己や目標，および両者の関係性に対する気づきをもとに諦めることを徐々に肯定していくプロセスといえます。これは，しぶしぶ諦めることを肯定する中で，気づきをもとにした主体的な判断の結果，現在の目標を諦め，次の目標に向かうという流れも含まれています。その中で【実現欲求低下】のプロセスを体験した後に，【達成エネルギーの転換】が生じます。

（6）各〈諦め〉プロセスに特徴的なカテゴリー

　各〈諦め〉プロセスについての理解を深めるため，それぞれのプロセスの特徴について簡単に触れておきます。

　未練型は，先行研究でもっとも焦点があてられていた「目標の放棄」とそれに伴う〈未練〉を特徴とする型です。この「目標の放棄」は従来ネガティブな

第Ⅰ部　〈諦め〉は私たちの人生や心の健康にどうかかわるか

機能を有するものとして考えられてきました。(24)しかし，今回の分析で未練型と割り切り型のプロセスは途中までほぼ同じであったことを考えると，単純に目標の放棄が精神的健康にネガティブな影響を与えるとすることには疑問の余地が残ります。同じ行動であったとしても，【実現欲求低下】などの心理的側面や〈周囲からの尊重〉などの環境的側面によってその後の精神的健康が異なる可能性があります。つまり，従来，行動として捉えられネガティブな機能を有するものと考えられてきた〈諦め〉に関しても，その後の環境の変化や本人の努力，周囲のサポートによって，それがポジティブな意味づけ，機能を有することがありうるといえるでしょう。

　割り切り型にとくに特徴的なカテゴリーは，〈周囲からの尊重〉です。このカテゴリーは，諦めて次の目標に向かうことが個人内のプロセスのみで進行するのではなく，現実の周囲とのかかわりが大きな役割を果たしていることを表現していると考えられます。〈諦め〉が建設的な働きをする場合について，山田(9)は，自己の日常的な生活空間の中での具体的な行為としての「act」とそれに対する他者からの働きかけのような「reaction」を通して可能となると述べています。この「reaction」は割り切り型における〈周囲からの尊重〉のうち，【目標への努力を評価してくれる】と重なると考えられます。割り切り型においては放棄した目標にとらわれ，自分一人では次の目標に前向きになるのが難しいものです。その意味で，【目標への努力を評価してくれる】という形での「reaction」がたしかに重要です。その一方で，今回の分析は「act」の結果としての「reaction」ではなく，【諦めても支えてくれる】という形での周囲からの受け入れや受容も次の目標へのエネルギーを蓄えるのに非常に重要であることがわかります。

　再選択型に特徴的なカテゴリーは，〈目標達成への固執〉です。〈目標達成への固執〉の中でも，【0か100か】や【うまくいくのが当たり前】は，自己に完全を求める傾向を表現しているものと考えられます。先に述べたように，場合によってはこれらの傾向が〈諦め〉の際に障害となり，精神的苦痛を生じさせることが予想できます。これらは個人の傾向として捉えることができ，その意

68

味で〈目標達成への固執〉の中でも，個人内の要因といえるでしょう。一方で，【他に目標がない】や【目標の刷り込み】は現実や周囲とのかかわりといった形での〈目標達成への固執〉であり，個人外の要因であるといえます。これもまた，〈諦め〉が個人内のみで生じるプロセスではなく，周囲や現実との相互作用から進行する動的なプロセスであるということを示しているものとみることができます。とくに周囲とのかかわりは，一方で〈周囲からの尊重〉のようなサポートとなりつつ，一方で【他の目標がない】や【目標の刷り込み】のような，〈諦め〉の阻害要因となることが示されました。〈諦め〉に関連するこれまでの研究では，コーピングという形で個人の内的な面に焦点が当てられることが多いですが，今回得られた結果は〈諦め〉における周囲や環境とのかかわりの重要性を示しているといえるでしょう。

（7）〈諦め〉のプロセス的定義と機能

行動としての〈諦め〉とプロセスとしての〈諦め〉

　前節で明らかになった青年期における〈諦め〉の定義は，一時点での行動に焦点を当てたものでしたが，本節でその行動としての〈諦め〉の背景に心理的な力動を含めたプロセスが存在していることが明らかになりました。〈諦め〉と精神的健康との関連に関しては，行動的な側面からみると同じ〈諦め方〉でも一部相反する機能がみられ，前節では十分に明らかにすることができませんでしたが，プロセス的な側面から見ると「未練型」という非建設的な〈諦め〉，「割り切り型」と「再選択型」という二つの建設的な〈諦め〉という三つのプロセスが存在することが明らかになりました。なお，前節で得られた定義は〈諦め〉に必須の要素をもとに定義したものであり，内包的な定義であるのに対して，今回得られた三つのプロセスは，機能の観点から〈諦め〉を包括的に示したものといえ，〈諦め〉の外延的定義に近いといえます。

〈諦め〉の建設的機能

　今回の分析では〈諦め〉の精神的健康に対する機能という観点から〈諦め〉プロセスの分類を行った結果，三つのプロセスが明らかになりました。第1章

第Ⅰ部　〈諦め〉は私たちの人生や心の健康にどうかかわるか

で行った先行研究のレビューでは，〈諦め〉の精神的健康に対するポジティブあるいはネガティブな機能が指摘されていました。そのような機能の二面性に加え，割り切り型と再選択型という異なったプロセスがみられたのは，〈諦め〉をプロセスとして捉える大きな意義の一つといえるでしょう。

　プロセスから〈諦め〉の機能を考えると，それが建設的に働くかどうかの分岐点となるのは【達成エネルギーの転換】と【実現欲求低下】が生じているかどうかであることがわかります。割り切り型と再選択型は〈諦め〉が建設的に働き，未練型は非建設的に働くといえます。さらに，建設的な割り切り型と再選択型はプロセスが異なります。再選択型において〈自己の発見と深まり〉から〈目標に対する気づき〉や〈諦めるしかない〉に至る流れは，自己の認識が徐々に変化していくという自己の内的なプロセスに焦点が当てられています。一方で割り切り型における〈周囲からの尊重〉は，関係性の中で【達成エネルギーの転換】につながることを示しており，自己と他者との関係性のプロセスに焦点が当てられています。

　〈諦め〉が建設的に働く二つのプロセスのうちどちらのプロセスを辿るかに関してどのような要因がかかわっているのか考察を加えておきます。一つの要因として〈目標達成への固執〉が大きな役割を果たすと考えられます。〈目標達成への固執〉があると，簡単に目標の放棄という決断には至らないと考えられ，再選択型になりやすいと考えられるためです。また，割り切り型の〈周囲からの尊重〉というカテゴリーから考察するに，諦めるにあたってのきっかけが，人間関係である場合に，割り切り型になりやすい可能性があります。〈周囲からの尊重〉には，【目標への努力を評価してくれる】が含まれていますが，それを受けて【達成エネルギーの転換】に至ったと考えると〈周囲からの尊重〉の以前のプロセスにおいては，目標への努力が評価されない状況か，もしくは人間関係や集団に関する不安や傷つきがあり当人が目標への努力が評価されない状況であると認知していた，という可能性があります。諦めるきっかけには，個人の能力といった個人内の要因から，人間関係といった個人外の要因まで様々なものがみられましたが，とくに人間関係がきっかけで諦めなければなら

ない場合には，諦めるプロセスの中で〈周囲からの尊重〉が必要になるのかもしれません。たとえば人間関係がきっかけで諦めざるを得なかったエピソードに絞るなど，諦めたきっかけという観点からエピソードを絞ることで異なった観点から〈諦め〉プロセスがみえてくる可能性があります。諦めた内容として，恋愛に関するエピソードや受験に関するエピソードのみを集め，比較するといったことも考えられます。

（8）インタビュー法を用いた〈諦め〉研究の限界と展望

青年期的特徴と一般化可能性

　前節と本節では，目標に対する〈諦め〉を青年期に特徴的な〈諦め〉とみなして研究を行いました。そのため，発達段階という観点からの今回の理論の一般化可能性について触れておきます。

　諦めた内容として頻繁に挙げられるものとして，死別，病気・怪我，子どもの成長，家族―親族との関係，恋愛，進学・職業選択，職業での問題・軋轢，近隣との関係が報告されています。[25] このうち，死や病気は年齢が高くなればなるほど経験しやすいものです。死や病気は現在の自分があり，理想の自分があって，そこを目指すという目標が有する性格は薄く，過去できていたことができなくなったり，過去に一緒にいた人がいなくなるといった喪失という形で体験されるのではないかと考えられます。〈諦め方〉に関しても，【目標の再選択】と【戦略再設定】では，新たな目標を選択するために，現在設定している目標を放棄するという形をとります。そのためには，自分の【望み】に合致する新たな目標の存在がなければなりません。しかしながら，中年期や老年期になると，新たな目標を立てても，それを目指すことが自分の能力や年齢を考えると不可能であることも多いと考えられます。とくに，老年期は知能や記憶力，身体機能の低下が如実に生じてくる時期です。[26] これらのことを考慮すると，行動としての〈諦め〉の定義や構成概念は目標に対する〈諦め〉に限定されるといえるでしょう。

　一方で，プロセスとしての〈諦め〉の理論は，青年期においてとくに特徴的

第Ⅰ部　〈諦め〉は私たちの人生や心の健康にどうかかわるか

な要素を含みつつも，【実現欲求低下】や【達成エネルギーの転換】といった
プロセスの核となる概念は他の発達段階における〈諦め〉にも適用が可能であ
ると考えられます。たとえば，老年期において，自己資源と自らの望みとのバ
ランスが崩れたことを自覚し，目標や認知，行動を現実的な形で調整していく
ことは高齢者の統制困難な出来事に対する対処として一般的であることが報告
されており，新たな目標を立ててそれを達成していくプロセスは人生のどの段
階においても必要であることがわかります。また，老年期や中年期では死や病
気，老いといったことが〈諦め〉体験になりやすいと考えられますが，そのよ
うな喪失体験，つまり以前の目標の実現がほぼ不可能である場合に，それをど
のように受け止め，自分の中で消化していくかに関しては，周囲からの援助，
すなわち〈周囲からの尊重〉も非常に重要な意味を持つと考えられます。この
〈周囲からの尊重〉は，自らの「望み」の生起や【達成エネルギーの転換】に
関して周囲からのかかわりが重要であることを示すカテゴリーであると考えら
れます。実際，死別を体験した遺族に調査を行い，友人や家族からの死別後の
ソーシャル・サポートが肯定的な心理的変化を促し，その変化が現在の精神的
健康を促進するという報告もあり，このように〈諦め〉をプロセスという観点
でみていくことはどの発達段階の〈諦め〉においても有益でしょう。

　一方で，青年期にみられやすい概念も当然存在すると考えられます。一般的
に青年期は，それまでに積み上げてきた「自分」の感覚を主体的に問い直し，
一個の人間として自己を確立する時期です。一方で，現代の日本では，ライフ
スタイルの多様化により，規範を頼りに自分の人生を組み立てることが困難で
あることも指摘されています。【うまくいくのが当たり前】という自己に対す
る過大な肯定的認知や，【うまくできないだめな自分】という自己に対すると
きに過小な否定的認知は，多様な価値観が存在する現代において，自己に対す
る価値観がいまだ確立の途中であり，自己に対するバランスのよい判断が困難
であるという現代の青年期に特徴的な概念である可能性があるでしょう。また，
青年期は，思春期から始まる親への依存という子どものあり方からの離脱過程
の完成が目指される時期であると同時に，対人関係の深まりや社会的交友の広

第2章 〈諦め〉の全体像を理解する

がりが生じる時期でもあります。(2)〈諦め〉における周囲からの影響を表現している項目として,【目標の刷り込み】や〈周囲からの尊重〉があり,これらは青年期に特徴的な概念やカテゴリーである可能性があります。とくに,【目標の刷り込み】は,主として目標設定において家族の影響力の強さを示しているものと考えられ,上記の青年期的特徴をよく示すものであると考えられます。その意味では,とくに青年期においては,〈諦め〉はたんなる当人の内的な心理過程という視点のみで捉えることはできず,【目標の刷り込み】にみられるように,本人の周囲の人間からの影響ということも非常に重要な意味を持ってくることがわかります。

研究の限界と展望

今回の分析からは,目標に対する〈諦め〉が青年期に特徴的な〈諦め〉であることが示唆されました。これは,諦めた内容を限定せずにインタビューを行ったにもかかわらず,目標に対する〈諦め〉に関するデータがほとんどであったためです。しかしながら,今回の研究協力者は15名であり,また年齢も22歳から30歳に限定されています。

このような背景から今回の研究結果を解釈する際の留意点として3点述べておきます。

1点目は,目標に対する〈諦め〉以外の〈諦め〉の存在です。青年期においても,前述の死別や病気のように,目標達成以外の領域における〈諦め〉体験があることは十分考えられ,その場合にはまた別の構造となる可能性があります。

2点目に,目標に対する〈諦め〉についても,もう少し詳細な検討が必要です。たとえば,目標という観点からは,達成動機と達成目標との関連で〈諦め〉を考えることができます。達成動機の研究では,目標追求の際の認知的方略によって学習行動や失敗時の否定的感情が異なることが指摘されており,(31)(32)目標の意味づけに関しても検討が必要です。一方で,達成目標に関してはこれまで学習という観点からの短期的な目標に関する研究が多く,ライフイベントに対する〈諦め〉とは異なる部分も多いことも留意しておく必要があると考えられま

73

第Ⅰ部　〈諦め〉は私たちの人生や心の健康にどうかかわるか

す。

　3点目は今回明らかになった〈諦め〉の用語としての位置づけです。今回の研究では，心理学用語としての〈諦め〉に関して，データにもとづき，仮説的な概念の生成と定義を行いました。その中で，ある程度の時間を伴ったエピソードから定義を生成しており，日常語として使用される様々な〈諦め〉の中でも，とくに体験のインパクトが強いものについて扱っているといえます。〈諦め〉という言葉は，日常的なレベルのものから人生全体にかかわるレベルのものまで広い範囲を対象としています。そのため，日常語としての〈諦め〉によって表現される現象と厳密には同一ではないことに注意する必要があると考えられます。

第3章　〈諦め〉が心の健康におよぼす様々な影響
——質問紙調査の分析から

　前章では，インタビューデータから〈諦め〉の全体像と機能を明らかにし，「割り切り型」と「再選択型」という二つの建設的な〈諦め〉プロセスについて提案しました。

　本章では，今後の介入可能性を考え，〈諦め〉観と過去の〈諦め〉体験への意味づけという〈諦め〉の認知的側面が精神的健康に及ぼす影響について，質問紙調査の結果を報告します。

1　〈諦め〉観の測定と類型化

（1）〈諦め〉観への着目

　〈諦め〉は認知，行動，感情といった様々な要素が複雑に重なり合った概念であり，臨床心理学的な支援の際にはそれぞれの要素に介入していく必要があります。その際，介入の対象としての変化可能性や介入のしやすさを考慮し，要素を絞って介入をしていくこともまた重要です。先行研究では〈諦め〉の認知的側面に関連する研究が存在し，〈諦め〉の認知的側面と精神的健康との関連が想定されています。そのため，本節ではまず〈諦め〉の認知的側面として，諦めること一般をどのように捉えているか，という〈諦め〉観を取り上げて精神的健康との関係をみていくことにします。

　というのも，建設的な〈諦め〉プロセスの「割り切り型」においても「再選択型」においても，はじめから諦めることに関して肯定的なわけではありません。自身の目標や望みを達成・実現できそうにないという認識があってはじめて〈諦め〉に至るわけで，そこにはつねに〈諦め〉への葛藤と苦悩が存在して

います。これは〈諦め〉を建設的に活かし，別の目標や夢に前向きに取り組むというプロセスであり，認知的にみると〈諦め〉の否定から肯定へと認知が変化する過程ということができます。そして，建設的な〈諦め〉プロセスを促進・阻害している要因として〈諦め〉そのものに対する認知が考えられます。

　〈諦め〉に対する認知に焦点を当てることは〈諦め〉の新たな側面を明らかにするという意味でも，臨床実践に資するという意味においても重要です。認知行動療法でも，認知のあり方が行動に大きく影響を及ぼすことが知られており，〈諦め〉に対する認知が〈諦め〉という行動に影響し，結果的に〈諦め〉の精神的健康に対する機能に影響することは十分考えられます。しかしながら，〈諦め〉に関するこれまでの研究は行動的な側面に関する研究が多く，〈諦め〉に対する認知そのものについてはほとんど着目されてきませんでした。そのため，信頼性と妥当性のある〈諦め〉観を測定する尺度を作成することは意義深いと考えられます。なお，〈諦め〉観との関連が想定されるものとして，自己志向的完全主義[1]があります。これは自己に向けられた完全主義的な行動，つまり完璧にやることへのこだわりを指し，尺度項目の例としては「自分の仕事でミスを見つけると不安になる」「私の目標の一つは，何事も完璧にやることだ」となっています[1]。〈諦め〉観の持つ意味をより明確にするため，尺度の作成の際に自己志向的完全主義に関連する完全主義的認知傾向との関連を検討することにします。また，〈諦め〉観と精神的健康との関連についても検討を行い，〈諦め〉という観点から精神的健康を高める支援について探索的に検討することとします。

　なお，精神的健康に対する機能の詳細を検討する観点の一つ目として性差があります。〈諦め〉と性差について検討した研究は数少ないですが，北中はうつ病の回復プロセスにおける「諦観の哲学」が若年女性においては有効に機能しないことを指摘しており，臨床的支援を考える上で，重要であると考えられます。すなわち，青年期男女で〈諦め〉の持つ意味合いが異なるのであれば，異なった支援が必要である可能性があります。そのため，〈諦め〉観の機能に関して性差も検討することとします。

また，精神的健康に対する機能の詳細を検討する観点の二つ目として媒介要因としての時間的展望があります。〈諦め〉と精神的健康について検討した研究として「わりきり志向[(4)]」の心理尺度研究があります。「わりきり志向」は，「わりきり」，すなわち日常的な葛藤状態からの〈諦め〉，に対する認知傾向（項目例：「考え込むよりもわりきって次に進もうと思う」「自分が考え込んでいても何も進まないと思う」）を指します[(4)]。この「わりきり志向」の研究から，諦めることに関する認知は直接的に精神的健康に影響を与えるのではなく，何らかの媒介要因を介して間接的に精神的健康に影響を与える可能性が示唆されています。この媒介要因として考えられるのが，時間的展望です。時間的展望は「個人の現在の事態や行動を過去や未来の事象と関係づけたり，意味づけたりする意識的な働き[(5)]」とされ，このような過去や未来に対する見通しは，〈諦め〉の有するプロセス的な要素と深く関連していると考えられます。

（2）〈諦め〉観を測定する尺度の作成——諦めること一般に関する認知尺度

項目の収集と選定

　〈諦め〉観を測定する尺度の作成のため，尺度の構成概念を明確にし，項目の収集と選定を行いました。第2章の分析結果をもとに，得られたカテゴリーに含まれる概念の具体例から，〈諦め〉観に関連すると思われるカテゴリーおよび概念を抽出しました。その結果，「目標へのとらわれ」，「目標達成への固執」，「諦めるしかない」，「達成エネルギーの転換」という四つのカテゴリーおよび概念が抽出されました。このうち，「諦めるしかない」は現在諦めようとすることに対する肯定的な認知であり，「達成エネルギーの転換」は，過去に諦めたことに対する肯定的な認知です。これら二つはいずれも諦めることに対する肯定的な認知を表現しています。一方で「目標達成への固執」は現在諦めようとすることに対する否定的な認知であり，「目標へのとらわれ」は過去に諦めたことに対する否定的な認知です。これら二つはいずれも諦めることに対する否定的な認知を表現しています。そのため，〈諦め〉観を測定する尺度の名称を「諦めること一般に関する認知尺度」とし，「肯定的認知」と「否定的

認知」という二つの構成概念を想定して，それぞれのインタビュー・データを
もとに，諦めること一般に関する認知について具体的な語りを抽出しました。
そして，それらの語りについて尺度項目として適切なように，表現の修正を行
い，最終的に調査に用いる尺度項目を26項目選出しました。

尺度作成の実施手続き

　首都圏の大学6校へ通う学生478名を対象に，質問紙調査を行いました。有
効回答は434名（男性171名，女性263名），平均年齢は20.26歳（標準偏差1.09），
学年は1年生62名，2年生163名，3年生176名，4年生33名です。調査は主に
授業時間に実施し，即時回収もしくは後日回収しています。調査項目は以下の
通りです。

①諦めること一般に関する認知尺度原案

　項目の収集と選定で作成された26項目の諦めること一般に関する認知尺度原
案を使用し，「以下の質問項目について，現在のご自身に最も当てはまるもの
を〇で囲んでください。」という教示を用いました。項目例は表3-1をみてく
ださい。回答法は5件法であり，「全くそう思わない（1）～非常にそう思う
（5）」としました。

②完全主義的認知傾向の指標

　多次元完全主義認知尺度15項目を用いました。この尺度は，自己志向的完全[(6)]
主義を完全主義スキーマとして採用し，この完全主義スキーマから生じる複数[(1)]
の完全主義の認知を測定するために作成されたものです。多次元完全主義認知
尺度は適応的な認知である「高目標設置」と不適応的な認知である「完全性追
求」「ミスへのとらわれ」の三つの下位尺度が想定されています。諦めること
一般に関する認知と自己志向的完全主義との関連が想定されますが，自己志向
的完全主義認知が必ずしも直接的に諦めることに繋がるわけではなく，何らか
の要因を介する形で関連すると考えられるため，その関連は弱いものであると
予想されます。多次元完全主義認知尺度の下位尺度のうち，「完全性追求」「ミ
スへのとらわれ」は目標達成に固執し，適切に諦めることを阻害する認知傾向
と考えられ，「肯定的認知」と弱い負の相関，「否定的認知」と弱い正の相関を

第3章　〈諦め〉が心の健康におよぼす様々な影響

有することが予想されます。「高目標設置」は目標達成を促進する認知傾向と考えられ，「肯定的認知」と弱い正の相関，「否定的認知」と弱い負の相関があると想定しました。

③心理的ストレス反応の指標

K6日本語版調査票の6項目を用いました。K6日本語版調査票は海外で作成された6項目の自記式質問票を基にしており，不安，抑うつ症状の頻度を5件法で求め，合計得点30点で症状評価を行うものです。今回は，精神的健康および心理的ストレス反応の指標として用いました。前述したように，諦めること一般に関する認知と精神的健康との関連は想定されますが，諦めること一般に関する認知それ自体は何らかの要因を介する形で精神的健康と関連すると考えられ，その関連は弱いものであると予想されます。「肯定的認知」は心理的ストレス反応と弱い負の相関，「否定的認知」は心理的ストレス反応と弱い正の相関があると想定しました。

探索的因子分析による因子構造の検討

諦めること一般に関する認知尺度原案の26項目について，探索的因子分析を行っています。その結果，固有値の減衰状況と解釈可能性から2因子構造が妥当であると判断しました。次に，因子負荷量が低い項目と両因子に対して負荷量の高い項目を削除し，再度探索的因子分析を行った結果，第一因子10項目，第二因子8項目となりました（表3-1）。

第一因子は，「諦めることで，物事を新たな視点で見ることができる」や「諦めることは，前に進むための一時的なプロセスである」といった項目を含んでおり，諦めることの有効性や有用性についての認知に関連した項目となっています。第二因子は，「諦めることは，自分にとって達成が困難な事から逃げる事である」や「諦めることは，自分に負ける事である」といった項目を含んでおり，諦めることを挫折や失敗と認知する項目を含んでいます。それぞれ「有意味性認知」因子，「挫折認知」因子と命名し，この2因子をもって諦めるこ

---

［1］　なお，これ以降，図表の中で数値を記載するときは小数点以下第三位で四捨五入し，第二位までを記載しています。

第Ⅰ部　〈諦め〉は私たちの人生や心の健康にどうかかわるか

表3−1　諦めること一般に関する認知尺度の因子分析結果

	1	2
有意味性認知　α＝.816		
諦めることで，物事を新たな視点で見ることができる	.73	.07
諦めることで，自分の他の可能性が明らかになる	.63	−.00
諦めることで，自分が次に進むことができる	.59	−.13
諦めることは，前に進むための一時的なプロセスである	.57	.02
諦めるとは，今の自分をありのままに認める事である	.56	.10
諦めることで，別の選択肢が見えてくる	.56	−.15
諦めることは，自分が納得いく人生を送るために必要な事である	.54	.04
諦めるとは，現実で実行可能なように夢を変化させることである	.45	.08
諦めるとは，今の自分を大事にする事である	.44	−.07
諦めることは，次の自分の方向性を見定め，探すきっかけである	.44	−.08
挫折認知　α＝.808		
諦めることは，自分にとって達成が困難な事から逃げる事である	.12	.79
諦めるとは，まだ頑張れたことを頑張らなかったという事である	.05	.68
諦めることは，自分に負ける事である	−.07	.68
諦めることは，しんどい事から逃げる事である	−.00	.59
諦めることは，惨めな体験である	−.05	.56
諦めることは，自分が痛みを負うことを回避することである	.06	.53
諦めるとは，自分が失敗したという事である	−.06	.44
諦めることは，人生における挫折である	−.05	.42
因子間相関		−.45

と一般に関する認知尺度とし，以降の分析に用いました。

　探索的因子分析によって得られた2因子を潜在変数とし，潜在変数間とそれらからその潜在変数を構成する当該項目にパスを引いた2因子斜交モデルを構成した確認的因子分析を行ったところ，全てのパスが0.1％水準で有意でした。モデルの適合度の指標は，GFI＝.93，AGFI＝.91，CFI＝.92，RMSEA＝.05であり，十分な適合度を示しました。

　諦めること一般に関する認知尺度の内的整合性を検討するためにCronbachのα係数を算出したところ「有意味性認知」ではα＝.816，「挫折認知」ではα＝.808であり，両因子とも高い信頼性が示されました。

諦めること一般に関する認知尺度の信頼性と妥当性

　分析の結果から，諦めること一般に関する認知が，「有意味性認知」と「挫

折認知」からなることが示されました。「有意味性認知」が諦めることの有効
性や有用性についての認知に関連した項目から構成されている一方で，「挫折
認知」は諦めることを挫折や失敗と認知する項目から構成されています。また，
「有意味性認知」および「挫折認知」に関して一定の信頼性と妥当性が確認で
きたといえます。第2章で示されたように，青年期において〈諦め〉の定義は
「目標に対する諦め」という行動的側面が強調されます。そのため，「肯定的認
知」と「否定的認知」というやや抽象的な概念が，諦めること一般に関する認
知尺度の下位尺度として「有意味性認知」と「挫折認知」というより具体的な
概念になったことは，「目標に対する諦め」への認知の特徴をより明確に表現
しているものと考えられ，尺度が一定の妥当性を有することを示しています。
一方で，今回得られた「有意味性認知」と「挫折認知」という下位尺度は，諦
めた後の視点から，諦めたことを意味づけるという視点がやや強いように思わ
れます。諦めること一般に関する認知は時間性を有し，本人の諦め体験から生
成される可能性があります。

完全主義的認知傾向との関連

　諦めること一般に関する認知尺度の下位尺度と多次元完全主義認知尺度の下
位尺度の Pearson の相関係数を算出しました（表3-2）。

　「有意味性認知」は，完全主義的認知傾向との関連において，ほとんど相関
がみられなかった一方で，「挫折認知」は，完全主義的認知傾向との関連にお
いて，「ミスへのとらわれ」と $r=.36$ の弱い正の相関を示し，「完全性追求」

表3-2　諦めること一般に関する認知尺度と多次元完全主義認知
　　　　尺度の相関係数

	①	②	③	④	⑤
①有意味性認知		-.39**	-.20**	-.03	-.17**
②挫折認知			.36**	.14**	.30**
③ミスへのとらわれ				.54**	.69**
④高目標設置					.67**
⑤完全性追求					

（注）　** $p<.01$

第Ⅰ部　〈諦め〉は私たちの人生や心の健康にどうかかわるか

と r = .30の弱い正の相関を示しています。

　多次元完全主義認知尺度で測定される自己に関する完全主義認知のうち,「ミスへのとらわれ」と「完全性追求」は不適応的な性質を持ち,「高目標設置」は適応的な性質を持つとされます[6]。「挫折認知」は,「高目標設置」とはほとんど相関がなかったものの,「ミスへのとらわれ」と「完全性追求」という不適応な完全主義認知と弱くはありますが正の相関を持ち,諦めること一般に関する認知の不適応的な側面であることが示唆されます。これにより,下位尺度のうち「挫折認知」の持つ意味と機能をより明確にすることができたといえます。「有意味性認知」と「ミスへのとらわれ」,「完全性追求」に関しては当初弱い負の相関を,「有意味性認知」と「高目標設置」に関しては当初弱い正の相関を予想していましたが,実際にはほとんど相関がありませんでした。これは当初想定していた「肯定的認知」ではなく,「有意味性認知」という形で過去の諦めたことを意味づけるという視点が強く出たためと考えられます。

（3）〈諦め〉観の男女差の発見

性差による下位尺度得点の検討

　次に,諦めること一般に関する認知尺度の下位尺度得点について,性差にもとづき対象者を2群に分け,t検定により平均値を比較しました（表3-3）。その結果,「挫折認知」に関しては,男女間で差がみられなかったものの,「有意味性認知」に関して,女性の方が男性よりも有意に得点が高くなっていました（t 値1.99, p < .05）。

表3-3　諦めること一般に関する認知尺度の下位尺度得点の性差による t 検定

下位尺度名	男性			女性			t 値	有意確率（両側）
	人数	平均	標準偏差	人数	平均	標準偏差		
有意味性認知	171	32.24	6.41	262	33.36	5.22	1.99	.05*
挫折認知	171	23.36	5.97	262	22.93	5.44	.76	.45

（注）　*　p < .05

精神的健康との関連における性差

　諦めること一般に関する認知
尺度の下位尺度と心理的ストレ
ス反応に関して，Pearson の相
関係数を算出しました（表3-
4）。男女あわせた全群での相
関分析では，挫折認知と心理的

表3-4　諦めること一般に関する認知尺度と心
　　　　理的ストレス反応との相関係数（全群）

	①	②	③
①有意味性認知		−.39**	−.13**
②挫折認知			.25**
③心理的ストレス反応			

（注）　**　$p < .01$

ストレス反応との間に弱い正の相関があることがわかります。

　次に，諦めること一般に関する認知尺度の下位尺度得点を独立変数，心理的
ストレス反応を従属変数として重回帰分析（ステップワイズ法）を行いました。重
回帰分析の結果（$R^2 = .06$, $p < .01$），「挫折認知」から「心理的ストレス反応」へ
のパス係数（$\beta = .25$, $p < .01$）のみが有意であり，「有意味性認知」から「心理的
ストレス反応」へのパス係数（$\beta = −.04$, $n.s.$）は有意ではありませんでした。

　次に，性別ごとに，諦めること一般に関する認知尺度の下位尺度と心理的ス
トレス反応との相関係数を求めました。男性において，心理的ストレス反応は，
「有意味性認知」と $r = −.04$ とほぼ相関を示さず，「挫折認知」と $r = .24$ の弱
い正の相関を示しました。一方，女性において心理的ストレス反応は「有意味
性認知」と $r = −.22$ の弱い負の相関を示し，「挫折認知」と $r = .26$ の弱い正の
相関を示しています。次に，男女で群分けを行い，諦めること一般に関する認
知尺度の下位尺度得点を独立変数，心理的ストレス反応を従属変数として重回
帰分析（ステップワイズ法）を行いました。男性における重回帰分析の結果（R^2
$= .06$, $p < .01$）は，「挫折認知」から「心理的ストレス反応」へのパス係数（β
$= .24$, $p < .01$）のみが有意であり，「有意味性認知」から「心理的ストレス反
応」へのパス係数（$\beta = .06$, $n.s.$）は有意ではありませんでした。しかし，女
性における重回帰分析の結果（$R^2 = .09$, $p < .01$）は，「挫折認知」から「心理
的ストレス反応」へのパス係数（$\beta = .21$, $p < .01$）が有意であったのに加え，「有
意味性認知」から「心理的ストレス反応」へのパス係数（$\beta = −.13$, $p < .05$）
も有意でした。そのため，「有意味性認知」が精神的健康に与える影響に関し

て，性差があるかを検討するため，多母集団の同時分析を行いました。パラメータ間の差の検定を行ったところ，「有意味性認知」から「心理的ストレス反応」へのパスについて，男女のパス係数が有意に異なっていました（$p<.05$）。このことから，女性においてより精神的健康に与える影響が大きいことが示唆されました。

〈諦め〉観の性差と精神的健康

　〈諦め〉観と精神的健康との関連について，全群での検討では，「挫折認知」は精神的健康と負の関連を有することが示された一方で，「有意味性認知」に関しては，精神的健康との関連は示されませんでした。次に，男女で群分けを行ったところ，「挫折認知」が一貫して精神的健康と負の関連を有していた一方で，「有意味性認知」については，男性では精神的健康とほぼ無関連であるのに対し，女性では精神的健康と正の関連を有していました。加えて，この「有意味性認知」と精神的健康との関連に関して，性差での違いを検討したところ，女性の方が男性よりも有意に大きな関連を有していました。

　この結果は，諦めること一般に関する認知と精神的健康との関連に関して，性差が存在する可能性を示唆しています。つまり，青年期の男性において，諦めることに対して挫折や失敗と認知しているか否かが精神的健康において重要な意味を持つ一方で，諦めることを有意味であると認知しているか否かは精神的健康において重要な意味を持たない可能性があります。それに対して，青年期の女性においては，いずれの認知も精神的健康において重要な意味を持つと考えられます。この性差については次項でも詳細に検討していきます。

（4）〈諦め〉観と心の健康

精神的健康との関連検討のための実施手続き

　次に，インターネット調査会社の保有する大学生のモニター600名（男性300名，女性300名，平均年齢21.15歳（標準偏差1.51））へオンラインでの質問紙調査を実施し，得られたデータを用いて分析しました。調査項目は以下の通りです。
①諦めること一般に関する認知尺度

第3章　〈諦め〉が心の健康におよぼす様々な影響

尺度作成を経た諦めること一般に関する認知尺度（18項目）を使用し，「以下の質問項目について，現在のご自身に最も当てはまるものを○で囲んでください。」という教示を用いました。尺度項目は表3−1を参照してください。回答法は5件法であり，「全くそう思わない（1）〜非常にそう思う（5）」です。

②時間的展望尺度[5]

時間的展望尺度は18項目で，「現在の充実感」「目標指向性」「過去受容」「希望」の四つの因子から構成されるものです。時間的展望は「過去・現在・未来が事象によって分節化されるものととらえた時の，その事象の広がりや数，相互の関係」と定義されます。[9]

③自己肯定感尺度 ver2[10]

自己肯定感尺度 ver2，8項目を用いました。ここで自己肯定感は「自己に対して前向きで，好ましく思うような態度や感情」[10]として，日本人の精神的健康を測定するための一基準として捉えています。

④人生に対する満足尺度[11]

人生に対する満足尺度5項目を用いました。この尺度は，「自ら選んだ基準に基づく，過去・現在・未来にわたる人生の主観的評価」[11]という自己の人生に対する満足度を測定するものです。

媒介要因としての時間的展望の検討

諦めること一般に関する認知が自己肯定感と人生満足度に与える影響について，共分散構造分析を用いて検討しました。時間的展望が媒介変数となっているという仮説を基に，過去の特定の体験に対する意味づけが時間的展望を介して精神的健康に及ぼす影響を検討するモデルを作成しました。表3−5に，各変数の相関係数を示します。

モデルを基に，5％水準で有意でないパスを標準化係数の絶対値が小さなものから順々に削除する分析を行った結果，図3−1のモデルを得ました。なお，そのままでは適合度が低かったため，時間的展望および精神的健康それぞれの変数において誤差間の共分散を設定し，再度分析を行っています。最終的な適合度は，CFI＝1.00，RMSEA＝.03と十分な値が得られました。「有意味性認

85

第Ⅰ部 〈諦め〉は私たちの人生や心の健康にどうかかわるか

表3-5 諦めること一般に関する認知と時間的展望，自己肯定感，人生満足度の相関係数

	①	②	③	④	⑤	⑥	⑦	⑧
①有意味性認知		−.05	.13**	.03	.02	.07	.11**	.17**
②挫折認知			−.22**	−.14**	−.22**	−.18**	−.24**	−.12**
③現在の充実感				.44**	.49**	.59**	.58**	.59**
④目標指向性					.25**	.69**	.45**	.46**
⑤過去受容						.52**	.59**	.39**
⑥希望							.70**	.54**
⑦自己肯定感								.58**
⑧人生満足度								

（注）* p<.05，** p<.01

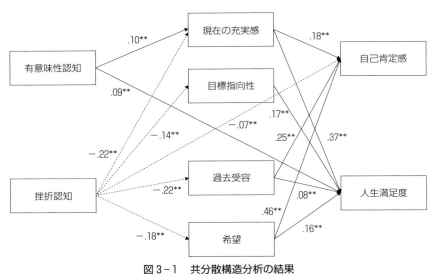

図3-1 共分散構造分析の結果

（注）* p<.05，** p<.01。数値はいずれも標準化推定値。なお，誤差変数については省略。

知」は現在の充実感を介して自己肯定感に正の影響を，直接および現在の充実感を介して人生満足度に正の影響を及ぼしていました。「挫折認知」は直接および現在の充実感，過去受容，希望を介して自己肯定感に負の影響を，現在の充実感，目標指向性，過去受容，希望を介して人生満足度に負の影響を及ぼしていました。それぞれの直接効果，間接効果，総合効果を表3-6に示します。

第3章 〈諦め〉が心の健康におよぼす様々な影響

表3-6　全群での効果の詳細

	自己肯定感			人生満足度		
	総合効果	直接効果	間接効果	総合効果	直接効果	間接効果
有意味性認知	.02	0	.02	.13	.09	.04
挫折認知	－.25	－.07	－.18	－.15	0	－.15

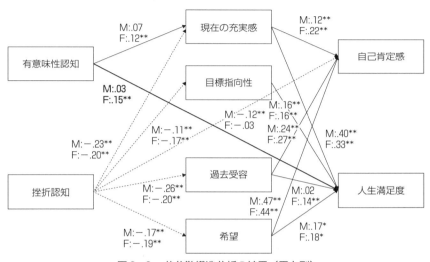

図3-2　共分散構造分析の結果（男女別）

（注）　＊ p＜.05，＊＊ p＜.01。数値はいずれも標準化推定値。なお，誤差変数については省略。

なお，直接効果とは「自己肯定感」あるいは「人生満足度」に対して直接的な影響を示すパス（図3-1において時間的展望の各因子を介さないパス）の数値を指し，間接効果とは「自己肯定感」あるいは「人生満足度」に対して間接的な影響を示すパス（図3-1において時間的展望の各因子を介すパス）の数値を指します。総合効果は，それらの直接効果・間接効果を合計したものです。

性差の検討

上記で得られたモデルにおいて性差があるかを検討するため，多母集団の同時分析を行い，パラメータ間の差の検定を行いました。モデルの適合度は，CFI＝1，RMSEA＝.00と十分な値が得られました。「挫折認知」から「自己肯定

第Ⅰ部　〈諦め〉は私たちの人生や心の健康にどうかかわるか

表3-7　男性における効果の詳細

	自己肯定感			人生満足度		
	総合効果	直接効果	間接効果	総合効果	直接効果	間接効果
有意味性認知	.01	0	.01	.06	.03	.03
挫折認知	-.29	-.12	-.17	-.14	0	-.14

表3-8　女性における効果の詳細

	自己肯定感			人生満足度		
	総合効果	直接効果	間接効果	総合効果	直接効果	間接効果
有意味性認知	.03	0	.03	.19	.15	.04
挫折認知	-.21	-.03	-.18	-.16	0	-.16

感」および「人生満足度」へのパスについては，全群での検討と同様に男女ともパス係数が有意となっていました。一方，図中の太線で示されている「有意味性認知」から「人生満足度」へのパス（男性 β = .03，女性 β = .15：p < .05）については，男女でパス係数が有意に異なっていました。（図3-2）。これは，「有意味性認知」が「人生満足度」に及ぼす影響が男女で異なること，男性に比べて女性においてより強い関連を有することを示しています。男女それぞれにおける直接効果，間接効果，総合効果を表3-7，表3-8に示します。

諦めること一般に関する認知と精神的健康

　今回の調査では精神的健康として自己肯定感と人生満足度を取り上げ，諦めること一般に関する認知との関連，およびその性差について検討しました。諦めること一般に関する認知と精神的健康の媒介要因としての時間的展望についてですが，「有意味性認知」については全群での分析において，また男女それぞれの分析においても時間的展望の各因子を介した有意なパスが少なく，時間的展望が媒介要因とならないことが示唆されました。一方で，「挫折認知」においては自己肯定感についても人生満足度についても時間的展望を媒介する形で影響を及ぼしていることが示唆されました。これは「挫折認知」と精神的健康の媒介要因として時間的展望があることを示唆しており，媒介要因としての時間的展望という仮説は一部支持されたといえます。これによりたとえば「挫

88

折認知」に働きかけることが難しい場合でも，時間的展望を高めることにより精神的健康への影響を緩和できる可能性があるといえます。

　性差については，「人生満足度」と「有意味性認知」との関連が男女で有意に異なっていました。「人生満足度」は，男女ともに「挫折認知」と有意な関連を有していたのに加え，女性においてのみ「有意味性認知」と有意に関連していました。この人生満足度に関する結果は，前項で諦めること一般に関する認知尺度を作成した際に，女性においてのみ「有意味性認知」と「心理的ストレス反応」に負の関連がみられたことと整合性があり，諦めること一般に関する認知の機能の性差は安定したものと考えられます。翻って，自己肯定感に関しては性差がみられませんでした。自己肯定感は「自己に対して前向きで，好ましく思うような態度や感情」[10]と定義されており，「自尊感情」と近い概念とされます。しかし，自尊心の低さを示すとされる「自己の変化に対して肯定的な群」は日本においては精神的健康群として扱う方が適切である[12]ことが研究によって示されています。自己肯定感は人生満足度や一時的な精神健康状態とは違い，必ずしも高ければ適応的だというわけではなく，そのような概念の違いが機能の性差がみられなかったことに影響した可能性があります。

（5）〈諦め〉観の4タイプと心の健康

　次に，諦めること一般に関する認知の観点からの支援を検討するために男女で群分けを行いました。諦めること一般に関する認知尺度の下位因子である「有意味性認知」「挫折認知」それぞれの平均値を基準とし，低低（「有意味性認知」が低く，「挫折認知」も低い群），低高（「有意味性認知」が低く，「挫折認知」は高い群），高低（「有意味性認知」が高く，「挫折認知」は低い群），高高（「有意味性認知」が高く，「挫折認知」も高い群）の4群のグループ分けを行いました。男女それぞれの各群における人数を表3-9に示します。

　次に，四つの群を独立変数とし，

表3-9　男女別の〈諦め〉観の4タイプの人数

	低低群	低高群	高低群	高高群
男性（300）	97	62	87	54
女性（300）	69	82	89	60

第Ⅰ部　〈諦め〉は私たちの人生や心の健康にどうかかわるか

時間的展望尺度の四つの下位尺度「現在の充実感」「目標指向性」「過去受容」「希望」，および「自己肯定感」と「人生満足度」を従属変数とした一要因の分散分析をそれぞれ行いました。その結果，男性においては過去受容（$F(3, 296) = 3.00, p<.05$）と自己肯定感（$F(3, 296) = 4.42, p<.01$）において有意差が見られました。Tukey 法による多重比較の結果，高低群は低高群よりも過去受容が高く，低高群および高高群よりも自己肯定感が高い，という結果が得られました。女性においては自己肯定感（$F(3, 296) = 2.90, p<.05$）と現在の充実感（$F(3, 296) = 2.96, p<.05$）において有意差が見られました。Tukey 法による多重比較の結果，高低群は，低高群よりも現在の充実感および自己肯定感が高い，という結果が得られました。

有意味性認知が高く挫折認知が低いことの重要性

　低低群は，下位尺度得点がいずれも低い群であることから，他の群に比べて諦めるという事象に無関心な群であると考えられます。また，低高群は諦めることを挫折だと認知する傾向が強い群です。挫折や失敗に厳しく，諦めることを否定的に考える傾向の強い群ということができるでしょう。それに対して高低群は，諦めることを有意味なものであると認知する傾向が強く，挫折や失敗に暖かく，諦めることを肯定的に考える傾向の強い群といえます。一方で，高高群は，諦めることを有意味であると捉えつつも，挫折であるとも強く思っており，捉え方に葛藤している群であると考えられます。たとえば，諦めることは有意味であると頭では考えながらも，実際には諦めることは難しく，過去や現在の目標達成にこだわってしまう人などが例として考えられます。

　分散分析の結果からは男性においては高低群が低高群および高高群よりも自己肯定感が高いこと，女性においても高低群は低高群よりも自己肯定感が高いことが示されました。そのため，自己肯定感という観点に着目した介入を考える際には，男性に関しては低高群において有意味性認知を増加させ挫折認知を減少させること，高高群においては挫折認知を減少させることが一つの選択肢となります。女性に関しては低高群において有意味性認知を増加させ挫折認知を減少させることが一つの選択肢となります。また，この結果からは男女いず

第3章 〈諦め〉が心の健康におよぼす様々な影響

れにおいても有意味性認知が高く，挫折認知が低いという二つの認知のバランスが精神的健康の上で重要であると考えられます。

コラム8：女性の〈諦め〉と男性の〈諦め〉の違い

　本文で述べたように，〈諦め〉観研究の結果からは，青年期の男性と比較した場合，青年期の女性において諦めること一般に関する認知，とくに有意味性認知が精神的健康の上で重要であることが示唆されます。このような性差がみられた理由として，現代の青年女性を取り巻く環境の観点から考察しておきたいと思います。

　1点目としてはまず男性と女性の生き方の違いが関係している可能性があります。女性の生き方が多様化した現在においては，青年期の女性は家庭的役割と職業的役割を統合して性アイデンティティを確立するという困難な課題に直面することが指摘されています(13)。それに対して男性では，職業を持ち，経済的に独立することが単純に男性役割の形成に繋がりやすいので職業と性役割との葛藤が少なく，表面的にはアイデンティティの確立が達成されることも容易に可能であるとされています(13)。このことから，男性に比べて女性は青年期において進路選択やアイデンティティの上での〈諦め〉を経験する可能性が高いといえ，同時にその経験を自分の中でどう扱っていくか，とくに失敗や挫折を有意味であると認知できているかは精神健康上重要な問題となってくる可能性があります。

　また，現代の社会環境の影響も考えられるでしょう。北中は(12)(2)(3)，男性のうつ病患者に諦観を経て仕事という既存の秩序に復帰するという回復プロセスがみられることを指摘し，「過労の病」という「大きな物語」の提供が治癒的効果をもたらすことを指摘しています。そしてその一方で，とくに若年の女性のうつ病患者にとってそのような「過労の病」という物語が「大きな物語」として十分機能せず，うつ病は「自己実現」における挫折として語られ，既存の「大きな物語」に抗うかのように別の生き方を模索する形で表現されると述べています。これはうつ病に限らず，この時期の女性の選択や挫折・失敗からの復帰が社会的に承認されにくいことを示しているといえるでしょう。このようなうつ病における回復プロセスの性差は，現代においてとくに女性にとって，個別的な自己の物語を確立し，過去の挫折や失敗と

第Ⅰ部　〈諦め〉は私たちの人生や心の健康にどうかかわるか

いう諦めた体験を意味のあるものとして自己の物語の中に組み込んでいけるかどうかという「有意味性認知」が非常に重要であることを示唆しています。柏木も青年期において，男性は社会的に期待される男性役割を受容しているのに対して，女性は社会の期待とは異なる特性を身につけたいと志向していること，そして，社会的性役割期待を受容しない・できない女性は不適応となることを指摘しています。それゆえ，とくに現代における青年期の女性のライフコースの多様性を考えると，自身の夢や目標を諦める際に，それが何らかの「大きな物語」の一部として社会的に承認されると感じられることが少なく，むしろ自身の自己実現の問題として捉えられることも多いのではないかと考えられます。その際に，それを「挫折」という社会的な価値観に留めておくのか，そこから新しい意味を見いだし，新たな個人の物語を再構成していけるかは青年期女性の精神的健康にとって重要な問題でしょう。本研究でみられた性差の背景には，そのような青年期の男女のライフコースとそれに対する社会的承認の違いが関係している可能性は高いといえます。

　また，本章の研究では，低低群の人数が男性97名に対し，女性69名という差がみられました（表3-9）。低低群は，本文で述べたように諦めることについて無関心な群と考えられます。加えて，諦めること一般に関する認知は自身の〈諦め〉体験の質や量に応じて深化していくことが予想されることを考えると，低低群における男女の人数差は，この時期のアイデンティティ確立における〈諦め〉の重要性の男女差を示すものと考えることができるでしょう。

2　過去の〈諦め〉体験への意味づけと心の健康

（1）過去の〈諦め〉体験への意味づけへの着目

　前節では〈諦め〉観として，諦めること一般に関する認知と心の健康との関連について検討してきました。本節では〈諦め〉に関する認知をより具体的にし，過去の〈諦め〉体験への意味づけという形で概念化して，心の健康との関連を検討します。

もう一度，第2章第2節の〈諦め〉プロセスの促進という観点を思い出してください。認知的側面から建設的な〈諦め〉を促進する方法として「未練型」から「割り切り型」への変化の促進を検討するということが考えられます。「未練型」と「割り切り型」のプロセスは途中まで同一であり，その後諦めたことを建設的に活かせるかどうかの一つの分かれ目として，その特定の諦めたことに対する意味づけがあります。「未練型」と「割り切り型」の途中までは諦めた対象に未練が残っているわけで，諦めたことに対する意味づけは否定的です。「未練型」についてはそのような否定的な意味づけが残存する一方で「割り切り型」では最終的に諦めざるを得なかったことを受け入れ，そのことに関して肯定的に意味づけするようになってきます。そのため，過去の〈諦め〉体験をどのように意味づけているかが，建設的な〈諦め〉の上で非常に重要であると考えられます。前述した大橋の研究（第1章第1節参照）でも諦めなければならなかった出来事に対する現在の心境について，「肯定的感情」，「否定的感情」，「両価的感情」，「肯定的解釈」，「思考抑制」の五つが挙げられており，〈諦め〉ということが必要な出来事に遭遇した後，諦めた体験をどのように捉えなおしてきたかがその後の精神的健康において重要であることを示唆しています。

このような体験の受け止めおよび意味づけの変化の重要性はナラティブ・アプローチでも指摘されています。ナラティブ・アプローチでは，人は人生を生きるときに，自分たちの経験を積極的に解釈しており，その枠組みを構成するのがストーリーであるとされます。そして，このストーリーは個人の中にあるものとは考えられておらず，家族をはじめとする様々な人々との相互作用によって，たえず構成されつつあるものとして捉えられます。このような見方は，過去は変えられないものであってもそれにかかわるストーリー，すなわち文脈によって現在への影響の仕方が異なるということを明確に示した点で，過去の〈諦め〉体験への意味づけと〈諦め〉プロセスが重なる点を示しています。

過去の〈諦め〉体験への意味づけと心の健康を検討する観点は四つあります。一つ目は，〈諦め〉に関連する様々な経験によって意味づけがどのように異なるか，です。第2章第2節の〈諦め〉プロセスの研究では〈諦め〉を促進・阻

第Ⅰ部　〈諦め〉は私たちの人生や心の健康にどうかかわるか

害する様々な要因がモデルの中で明らかになりましたが，これらは意味づけの変化に関係する要因が仮説として示されていると捉えることができます。実際の支援の際にどのような体験が増える，あるいは減ることを目的に支援を行えばよいのかに関する示唆を得ることができます。

　二つ目に，過去の〈諦め〉体験に対する意味づけと精神的健康との間の媒介要因としての時間的展望の検討です。実際の支援の場では，クライエントの環境によってセラピストが必要であると感じられる体験を提供できるとは限らない場合も多くあります。媒介要因を検討することで，過去の〈諦め〉体験に対する意味づけが精神的健康に及ぼす影響を促進・低減させることへの示唆を得ることが可能になります。時間的展望のような過去や未来に対する見通し，とくに過去受容は，過去の特定の〈諦め〉体験に対する意味づけの精神的健康に対する機能を考える際に重要な役割を果たすと考えられます。

　三つ目は対象とする発達段階の追加で，青年期・成人期前期を対象とします。これまでの研究では青年期を18歳〜30歳として検討してきました。一方で，夢や目標に対する〈諦め〉が生じやすい時期をもう少し広く捉えると成人期前期という発達段階を想定することができます。成人期の捉え方は研究者によって異なりますが，Levinson[18]は17歳から39歳までを成人期前期，40歳から59歳までを成人期中期（中年期），60歳から84歳までを成人期後期（高齢期・老年期）と成人期を大きく三つに分けています[19]。今回の研究では，夢や目標に対する〈諦め〉という観点から成人期前期に焦点を絞り，この成人期前期をわが国ではとくに影響が大きいと考えられる大学生とそれ以降という区切りで二つに分け，17歳〜24歳を青年期，25歳〜39歳を成人期前期として比較の上で検討を進めることにしました。なお，ここでいう成人期前期の主な発達課題としては，「生活構造の設計と安定」，「社会的地位の確立」，「仕事や家族といった自分にとって最も重要な目標の実現」などがあげられます[18][19]。

　四つ目は，性差についてです。前節で諦めること一般に関する認知と精神的健康との関連に性差が見られており，今回の研究においても精神的健康に対する機能の男女差の検討も行うこととします。

94

第3章 〈諦め〉が心の健康におよぼす様々な影響

（2）過去の〈諦め〉体験への意味づけ尺度の作成

実施手続き

　〈諦め〉という観点から支援を必要としている群について検討するため，過去の〈諦め〉体験が自分にとって重要であると考えている群を対象とすることとしました。予備調査として，「人生を生きていく中で，多くの人が諦めるという体験をすることがあります。あなたは過去に諦めた体験を振り返って，自分の人生に関わる重要な体験だったと思うものはありますか。」という質問により，インターネット上での出現率を検討しました。その結果，15歳〜29歳の490名（男性225名，女性265名，平均年齢23.04歳）のうち，当該の体験が一つ以上あると答えたのは73.1％で，十分な出現率を有しているものと考えられました。本調査では，インターネット調査会社の保有する大学生のモニターのうち，人生を振り返って自分にとって重要な〈諦め〉体験があると答えた18歳〜23歳（青年期）の大学生600名（男性300名，女性300名，平均年齢20.81歳（標準偏差1.28)），25歳〜39歳（成人期前期）の男女600名（男性300名，女性300名，平均年齢30.82歳（標準偏差4.31)）にオンラインでの質問紙調査を実施し，得られたデータを用いて分析しました。なお，質問紙の表紙に調査の目的と倫理的配慮に関する説明を載せ，データは統計的に処理され，個人が特定される形では利用されないことを説明しています。

質問紙の構成

①過去の特定の諦めた体験に関連する項目

　過去の特定の〈諦め〉体験に関して一つ選んでもらい，その〈諦め〉と関連して現在までにどのような経験をしてきたかについて問うものです。第2章のインタビュー・データと分析結果を参考に建設的な〈諦め〉を促進・阻害するものとして，「はい・いいえ」の2件法で10項目の質問を用意しました。項目は表3-11を参照してください。

②過去の〈諦め〉体験に対する意味づけ尺度原案

　第2章で得られたインタビュー・データと前節で作成された諦めること一般に関する認知尺度を参考に，過去の〈諦め〉体験に対する意味づけに関連する

95

項目を50項目選定しました。調査の際には「今振り返ってみて，その諦めたことについてどのようなことだったと捉えていらっしゃるか，次の「あなたにとって，それを諦めることは（で）・・・」という文章に続くそれぞれの文に関して，最も当てはまるものを選んでください。」という教示を用いました。回答法は5件法であり，「全くそう思わない（1）〜非常にそう思う（5）」です。

③時間的展望尺度(5)（前節で用いたものと同じ）

　時間的展望尺度は18項目で，「現在の充実感」「目標指向性」「過去受容」「希望」の四つの因子から構成されるものです。時間的展望は「過去・現在・未来が事象によって分節化されるものととらえた時の，その事象の広がりや数，相互の関係(9)」と定義されます。

④自己肯定感尺度 ver2(10)（前節で用いたものと同じ）

　自己肯定感尺度 ver2，8項目を用いました。ここで自己肯定感は「自己に対する前向きで，好ましく思う態度や感情(10)」として，日本人の精神的健康を測定するための一基準として捉えています。

⑤人生に対する満足尺度(11)（前節で用いたものと同じ）

　人生に対する満足尺度5項目を用いました。この尺度は，「自ら選んだ基準に基づく，過去・現在・未来にわたる人生の主観的評価(11)」という自己の人生に対する満足度を測定するものです。

過去の〈諦め〉体験に対する意味づけ尺度の作成

　過去の〈諦め〉体験に対する意味づけ尺度原案の50項目に対して，探索的因子分析（最尤法，プロマックス回転）を行いました。なお，過去の〈諦め〉体験に対する意味づけ尺度原案作成のために参考にした，第2章で得られたインタビューデータには青年期のエピソードが多く含まれており，諦めること一般に関する認知尺度は，大学生を対象に作成したものです。そのため，今回の尺度作成も青年期のデータを用いて行い，次に，得られたモデルが成人期前期のデータにおいても妥当性・信頼性があるか検討するという順序で進めました。固有値の減衰状況（10.45，8.33，2.78，2.16，1.59……）と因子の解釈可能性から3因子構造が妥当であると判断しました。次に，因子負荷量が.40以下の項目

第3章 〈諦め〉が心の健康におよぼす様々な影響

と複数の因子に対して.30以上の負荷量を示す項目を削除し、探索的因子分析を繰り返し行いました。その結果40項目が残り、因子ごとに負荷量の高い上位8項目（合計24項目）を最終的に過去の〈諦め〉体験に対する意味づけ尺度としました（表3-10）。

第一因子は、「別の選択肢が見えてきた」「次に進むことができた」といった項目を含んでおり、諦めたことの有効性について述べる項目となっていたため、「有意味性認知」因子と命名しました。第二因子は、「しんどいことから逃げた」「挑戦するのを避けることだった」など、諦めたことを逃げ・回避として捉えていたため、「逃げ認知」因子と命名しました。第三因子は、「人生が狂った」「望む生き方とずれた」といった項目を含んでおり、諦めたことで挫折・失敗したという風に捉える項目を含んでいたため、「挫折認知」因子と命名しました。

探索的因子分析によって得られた因子を潜在変数とし、潜在変数間とそれらから潜在変数を構成する当該項目にパスを引いた斜交モデルを構成し、確認的因子分析を行いました。潜在変数間は「有意味性認知」と「挫折認知」の間、「逃げ認知」と「挫折認知」の間にパスを引き、その後潜在変数を構成する当該項目にパスを引いた3因子モデルとなり、CFI = .93, RMSEA = .05とおおむね十分な適合度を示しました。

過去の〈諦め〉体験に対する意味づけ尺度の内的整合性を検討するためにCronbach の α 係数を算出したところ、「有意味性認知」では α = .89、「逃げ認知」では α = .90、「挫折認知」では α = .85であり、各因子とも十分な信頼性が示されました。

次に、成人期前期のデータにおいて、青年期において得られた因子を潜在変数とし、潜在変数間とそれらから潜在変数を構成する当該項目にパスを引いた3因子斜交モデルを構成しました。確認的因子分析を行ったところ、全てのパスが0.1%水準で有意でした。モデルは、CFI = .95, RMSEA = .05と十分な適合度を示しました。

同様に、成人期前期のデータにおける過去の〈諦め〉体験に対する意味づけ尺度の内的整合性を検討するためにCronbach の α 係数を算出したところ、「有

第Ⅰ部　〈諦め〉は私たちの人生や心の健康にどうかかわるか

表3-10　過去の〈諦め〉体験に対する意味づけ尺度の因子分析結果

		1	2	3
有意味性認知　α=.888				
6	別の選択肢が見えてきた	.73	−.02	−.08
3	次に進むことができた	.71	−.09	−.11
10	自分の方向性を見定め，探すきっかけだった	.70	.06	−.04
27	より自分に合った道を選択することだった	.69	.05	−.13
2	自分の他の可能性が明らかになった	.69	−.04	.01
1	物事を新たな視点で見ることができた	.68	−.14	−.01
4	前に進むための一時的なプロセスだった	.66	−.07	.04
44	新しい道が開けた	.67	−.04	−.19
7	自分が納得いく人生を送るために必要なことだった	.65	−.18	.08
50	自分にふさわしい選択だった	.62	.02	−.22
20	やりたいことのために別の道を探すことだった	.60	−.00	.10
28	その時大事なことを積極的に選択することだった	.59	.02	.01
9	その時の自分を大事にすることだった	.54	.16	.00
8	現実で実行可能なように夢を変化させることだった	.54	.11	.10
5	その時の自分をありのままに認めることだった	.54	.17	−.03
25	必要のないこだわりを捨てることだった	.53	.04	.14
33	自分の頑張りを認めてあげることだった	.52	−.15	.22
39	理想と現実の折り合いをつけることだった	.44	.12	.16
23	身の丈に合った生き方を選択することだった	.44	.24	.02
22	必要のないものを手放すことだった	.42	.07	.20
逃げ認知　α=.898				
14	しんどいことから逃げた	−.04	.84	−.08
41	自分にとって楽な道を選択することだった	−.02	.79	−.13
11	達成が困難なことから逃げた	.02	.78	−.04
36	挑戦するのを避けることだった	−.09	.78	−.02
40	安易に妥協することだった	−.09	.71	−.01
12	まだ頑張れたことを頑張らなかった	−.13	.65	.09
16	自分が痛みを負うことを回避した	.11	.64	−.02
29	自分と向き合うことから逃げた	−.09	.59	.18
34	自分の頑張りが足りないということだった	.04	.56	.02
42	自分の努力が不足していたということだった	.06	.53	.02
37	妥協できる道を選択することだった	.19	.51	.08
35	理想が高すぎるのを認めることだった	.22	.44	.10
挫折認知　α=.848				
49	人生が狂った	−.06	−.18	.81
26	思い描いていた人生から脱落した	−.01	−.00	.75
24	望む生き方とずれた	−.04	.02	.69
32	無気力な状態になった	.08	.05	.62
15	惨めな体験だった	.04	.13	.57
45	それまでの努力を無駄にした	−.06	.11	.54
19	やりたかったことをやめざるを得なかった	.14	−.07	.53
18	人生における挫折だった	.06	.13	.53
因子間相関			.09	−.08
				.49

（注）　破線がある因子に関しては，破線より上の項目が最終的に採用されたことを示す。

意味性認知」では α＝.89，「逃げ認知」では α＝.91，「挫折認知」では α＝.85
であり，各因子とも十分な信頼性が示されました。

過去の〈諦め〉体験に対する意味づけ尺度の信頼性と妥当性

　分析の結果から，過去の〈諦め〉体験に対する意味づけが「有意味性認知」
「逃げ認知」「挫折認知」の三つからなることが示され，一定の信頼性と妥当性
が確認されました。このうち「有意味性認知」と「挫折認知」については，前
節で得られた諦めること一般に関する認知尺度で得られた認知と同一であり，
一定の内容妥当性があるといえます。

　過去の〈諦め〉体験に対する意味づけは，諦めるという観点から物事を考え
たり，その体験を整理したり，新しく〈諦め〉に関連した体験をするといった
ことで深まるものと考えられます。そのため，ただたんに〈諦め〉をネガティ
ブなものとして捉えるだけではなく，そのような体験や洞察を通して認知が深
まっていくことで，逃げや挫折といった形で認知が分化していくと考えるのが
もっとも自然です。意味づけも広い意味での認知として捉えることができます
が，前節で扱った諦めること一般に関する認知は2因子であったのに対して，
今回3因子が得られたのは，「自分の人生に関わる重要な体験」という形で対
象を絞ったことで，認知がより具体的に表現されたためと考えられます。

（3）過去の〈諦め〉体験への意味づけに影響を及ぼす経験

　今回の研究では，〈諦め〉体験に対する意味づけがどのような経験によって
変動するかを検討するため，過去の〈諦め〉体験に対する意味づけに関連する
経験について検討しました。それによって，実際の支援の場で過去の〈諦め〉
体験に関する意味づけを扱っていく際に，どういったサポートが必要なのかに
ついて示唆を得ることができます。

青年期における過去の経験と意味づけ尺度の得点の関連

　過去の〈諦め〉体験に対する意味づけ尺度の下位尺度得点について，〈諦め〉
に関連した経験の有無にもとづき青年期の対象者を2群に分け，t検定により
平均値を比較しました（図3-3，表3-11）。

第Ⅰ部 〈諦め〉は私たちの人生や心の健康にどうかかわるか

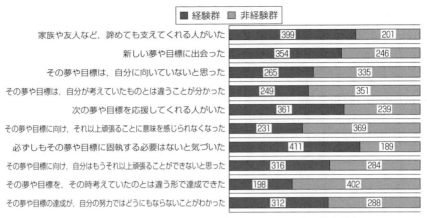

図3-3 過去の経験による経験者／非経験者の人数（青年期）

「有意味性認知」は、家族や友人などからの諦めるにあたっての支えや次の目標への応援などの環境要因、夢や目標に対する気づきといった認知的要因、新しい目標への邁進や別の形での達成といった行動的要因により高まることが示唆されました。諦めるにあたっては、一般的に諦めるという言葉から連想される「夢や目標の達成が自分の力では不可能である」ということの認識だけではなく、何らかの理由で諦めたことを自分で受け入れたり、納得したりすることが大切であることが推測されます。

「逃げ認知」は、自分に向いていないといった自己に関する要因や頑張ることに意味を感じられなくなるというモチベーションの低下により高まり、新しい目標への邁進や別の形での達成といった行動的要因により低まることが示唆されます。

「挫折認知」は、もうそれ以上頑張ることが難しい、どうにもならないという自己に関する体験や頑張ることに意味を感じられないというモチベーションの低下により高まることが伺えます。また、「有意味性認知」とは逆の傾向を示し、環境要因や目標への認知的変化、行動的要因により低下することが示唆されます。

第3章　〈諦め〉が心の健康におよぼす様々な影響

表3-11　過去の経験による下位尺度得点の t 検定結果（青年期）

	有意味性認知			逃げ認知			挫折認知		
	平均値		t 値	平均値		t 値	平均値		t 値
	経験群	非経験群		経験群	非経験群		経験群	非経験群	
家族や友人など，諦めても支えてくれる人がいた	27.03	23.76	6.20**	24.02	24.45	-.72	22.58	23.16	-1.05
新しい夢や目標に出会った	27.75	23.32	9.05**	23.51	25.11	-2.78**	21.74	24.28	-4.87**
その夢や目標は，自分に向いていないと思った	26.41	25.55	1.67	25.29	23.28	3.56**	22.94	22.65	.54
その夢や目標は，自分が考えていたものとは違うことが分かった	27.28	24.97	4.50**	24.33	24.05	-.49	22.51	22.97	-.87
次の夢や目標を応援してくれる人がいた	27.42	23.69	7.44**	24.02	24.38	-.62	22.35	23.43	-2.04*
その夢や目標に向け，それ以上頑張ることに意味を感じられなくなった	26.32	25.69	1.21	25.31	23.45	3.23**	23.48	22.34	2.13*
必ずしもその夢や目標に固執する必要はないと気づいた	27.13	23.32	7.18**	24.16	24.18	-.04	22.09	24.29	-3.96**
その夢や目標に向け，自分はもうそれ以上頑張ることができないと思った	26.07	25.78	.58	25.34	22.86	4.45**	23.44	22.04	2.69**
その夢や目標を，その時考えていたのとは違う形で達成できた	27.76	25.03	5.10**	22.93	24.77	-3.08**	21.71	23.30	-2.88**
その夢や目標の達成が，自分の努力ではどうにもならないことがわかった	26.12	25.73	.75	24.30	24.01	.51	23.33	22.18	2.19*

（注）　*　$p<.05$，**　$p<.01$

　全体的に「有意味性認知」が高くなる要因になる経験の多くが，「逃げ認知」「挫折認知」を低くする経験でした。これらの経験は建設的な〈諦め〉を促進するものとして選定されており，「有意味性認知」はポジティブな意味づけ，「逃げ認知」と「挫折認知」はネガティブな意味づけであることからもこれは妥当なことといえます。また，これらの項目は第2章のインタビュー・データから選ばれたものであり，「有意味性認知」，「逃げ認知」，「挫折認知」による違いがみられたことは，第2章で得られたモデルが一定の妥当性を有していることを示すものと考えられます。一方で，「自分が考えていたものと違う」経験群が「有意味性認知」のみ高く，「自分に向いていない」経験群が「逃げ認知」のみが高く，「自分の努力ではどうにもならない」経験群が「挫折認知」のみが高いなど特定の意味づけにのみ作用する可能性がある経験もあるようです。これらは同じ意味づけであってもその背景にある経験が一様でない可能性を顕

第Ⅰ部 〈諦め〉は私たちの人生や心の健康にどうかかわるか

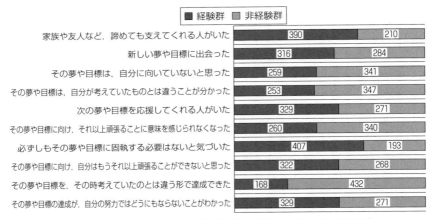

図3-4　過去の経験による経験者／非経験者の人数（成人期前期）

著に示しているといえるでしょう。

成人期前期における過去の経験と意味づけ尺度の得点の関連

　下位尺度得点について，〈諦め〉に関連した経験の有無にもとづき成人期前期の対象者を2群に分け，t検定により平均値を比較しました（図3-4，表3-12）。
　「有意味性認知」は，家族や友人などからの諦めるにあたっての支えや次の目標への応援などの環境要因，夢や目標に対する気づきといった認知的要因，新しい目標への邁進や別の形での達成といった行動的要因により高まることが示唆されました。青年期と同じく，諦めるにあたっては単純に「夢や目標の達成が自分の力では不可能であった」という認識だけでなく，何らかの理由で諦めたことを自分で受け入れたり，納得したりすることが大切であることが示唆されます。この結果は青年期とほぼ同じですが，「その夢や目標は，自分に向いていないと思った」という項目については，青年期では有意差がみられなかったものの，成人期前期においては有意味性認知を高める可能性があると考えられました。この項目は諦めるにあたっての自分と目標・夢との関係に対する気づきとして捉えることができます。「自分はもうそれ以上頑張ることができない」「自分の努力ではどうにもならない」といった自己に対する原因帰属が有

第3章　〈諦め〉が心の健康におよぼす様々な影響

表3-12　過去の経験による下位尺度得点の t 検定結果（成人期前期）

	有意味性認知			逃げ認知			挫折認知		
	平均値		t 値	平均値		t 値	平均値		t 値
	経験群	非経験群		経験群	非経験群		経験群	非経験群	
家族や友人など，諦めても支えてくれる人がいた	26.33	23.41	5.34**	22.79	23.94	−1.80	22.96	24.74	−3.11**
新しい夢や目標に出会った	27.21	23.19	7.92**	21.99	24.52	−4.22**	22.10	25.23	−5.82**
その夢や目標は，自分に向いていないと思った	25.93	24.84	2.03*	24.19	22.43	2.88**	23.81	23.41	.72
その夢や目標は，自分が考えていたものとは違うことが分かった	26.34	24.56	3.34**	22.89	23.41	−.85	23.79	23.43	.64
次の夢や目標を応援してくれる人がいた	26.54	23.81	5.21**	22.25	24.33	−3.43**	22.74	24.60	−3.38**
その夢や目標に向け，それ以上頑張ることに意味を感じられなくなった	25.65	25.05	1.12	23.67	22.83	1.36	24.35	23.00	2.43*
必ずしもその夢や目標に固執する必要はないと気づいた	26.53	22.73	6.94**	22.93	23.74	−1.23	22.89	25.05	−3.71**
その夢や目標に向け，自分はもうそれ以上頑張ることができないと思った	25.26	25.37	−.19	24.66	21.37	5.49**	24.65	22.26	4.37**
その夢や目標を，その時考えていたのとは違う形で達成できた	26.90	24.69	3.78**	22.01	23.65	−2.42*	22.95	24.64	−3.47**
その夢や目標の達成が，自分の努力ではどうにもならないことがわかった	25.29	25.34	−.09	23.21	23.17	.07	24.74	22.18	4.70*

　意味性認知を高めないという今回の結果を見ると，諦めるにあたって自己に対する原因帰属は基本的には有効ではないと考えられますが，成人期前期においては「自分に向いていない」という目標や夢と自己との関係性に焦点を当てた気づきは有意味性認知を高める上で有効であることが示唆されます。

　「逃げ認知」は，目標が自分に向いていなかったり，頑張ることが難しいといった自己に関する体験により高まり，新しい目標への邁進や別の形での達成といった行動的要因および身近な人からの支えや応援という環境的要因により低下することが示唆されます。「自分に向いていない」経験群は「有意味性認知」および「逃げ認知」のいずれもが有意に高く，この関係性に関する気づきは，成人期前期においては有意味性認知を高めつつも逃げ認知を高めるというアンビバレントな機能を有している可能性を示しているものと考えられます。

　「挫折認知」は，「もうそれ以上頑張ることが難しい」「自分の努力ではどうにもならない」という自己に関する体験により高まること，「有意味性認知」

第Ⅰ部　〈諦め〉は私たちの人生や心の健康にどうかかわるか

とは逆に環境要因や行動的要因により低下することが示唆されます。青年期では有意差がみられなかったのに対し，成人期前期では有意差がみられたものとして「諦めても支えてくれる人がいた」があり，この項目については，成人期前期における環境要因の重要性を示唆しているものと考えられます。これらの結果から，成人期前期においても第2章で得られたモデルは有効であること，〈諦め〉体験に遭遇した際に「どのように諦めるか」が重要であることがわかります。

（4）過去の〈諦め〉体験への意味づけと心の健康Ⅰ：青年期

青年期における時間的展望，精神的健康との関連の検討

　青年期において，過去の特定の体験に対する意味づけが精神的健康に与える影響を，共分散構造分析を用いて分析しました。仮説をもとに過去の特定の体験に対する意味づけが時間的展望を介して精神的健康に及ぼす影響を検討するモデルを作成しています。なお，各変数間の単相関を表3-13に示します。

　モデルをもとに，5％水準で有意でないパスを標準化係数の絶対値が小さなものから順々に削除する分析を行った結果，図3-5のモデルが得られました。なお，そのままでは適合度が低かったため，時間的展望および精神的健康それぞれの変数において誤差間の共分散を設定し，再度分析を行いました。最終的な適合度は，CFI＝1.00，RMSEA＝.02と十分な値が得られました。「有意味性認知」は直接および現在の充実感と過去受容，希望を介して自己肯定感に正の影響を，直接および現在の充実感と目標指向性，過去受容を介して人生満足度に正の影響を及ぼしています。「逃げ認知」は，現在の充実感と希望を介して自己肯定感に負の影響を，現在の充実感と目標指向性を介して人生満足度に負の影響を及ぼしています。「挫折認知」は現在の充実感と過去受容，希望を介して自己肯定感に負の影響を，現在の充実感と過去受容を介して人生満足度に負の影響を及ぼしています。表3-14にそれぞれの直接効果，間接効果，総合効果を示します。

性別による比較

　上記で得られたモデルに関して，性差があるかを検討するため，多母集団の

第3章 〈諦め〉が心の健康におよぼす様々な影響

表3-13 過去の特定の〈諦め〉体験に対する意味づけ尺度と時間的展望，自己肯定感，人生満足度の相関係数（青年期）

	①	②	③	④	⑤	⑥	⑦	⑧	⑨
①有意味性認知		−.05	−.13**	.33**	.28**	.33**	.37**	.40**	.41**
②逃げ認知			.45**	−.28**	−.30**	−.22**	−.32**	−.27**	−.23**
③挫折認知				−.37**	−.13**	−.45**	−.31**	−.36**	−.29**
④現在の充実感					.43**	.52**	.56**	.54**	.60**
⑤目標指向性						.26**	.72**	.48**	.44**
⑥過去受容							.51**	.58**	.43**
⑦希望								.70**	.52**
⑧自己肯定感									.58**
⑨人生満足度									

（注） * p<.05, ** p<.01

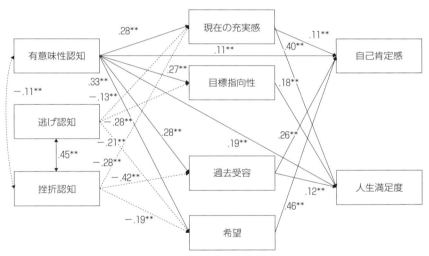

図3-5 共分散構造分析の結果（青年期）

（注） * p<.05, ** p<.01．数値はいずれも標準化推定値．なお，誤差変数については省略．

表3-14 効果の詳細（青年期）

	自己肯定感			人生満足度		
	総合効果	直接効果	間接効果	総合効果	直接効果	間接効果
有意味性認知	.37	.11	.26	.38	.19	.19
逃げ認知	−.11	0	−.11	−.10	0	−.10
挫折認知	−.23	0	−.23	−.16	0	−.16

第Ⅰ部　〈諦め〉は私たちの人生や心の健康にどうかかわるか

同時分析を行ったところ図3-6のモデルが得られました。モデルの適合度は，CFI＝1，RMSEA＝.01と十分な値が得られました。パラメータ間の差の検定を行ったところ，「有意味性認知」から「過去受容」へのパス（男性β＝.18，女性β＝.35；p<.01），「逃げ認知」から「現在の充実感」へのパス（男性β＝－.24，女性β＝－.06；p<.01）について，男女のパス係数が有意に異なっていました。これは，「有意味性認知」が「過去受容」に及ぼす影響，また「逃げ認知」が「現在の充実感」に及ぼす影響が男女で異なることを示しています。「有意味性認知」と「過去受容」に関しては男性に比べて女性においてより強い関連を有すること，「逃げ認知」と「現在の充実感」に関しては女性に比べて男性においてより強い関連を有することがわかります。表3-15，表3-16に男女それぞれの直接効果，間接効果，総合効果を示します。

青年期における過去の〈諦め〉体験に対する意味づけと時間的展望，精神的健康の関連

　ここでは，過去の〈諦め〉体験に対する意味づけと精神的健康との関連を検討するとともに，媒介要因としての時間的展望についても検討しました。分析結果からは，男性においても女性においても，過去の〈諦め〉体験をポジティブに認知する有意味性認知は時間的展望を媒介して，また直接，精神的健康に影響を及ぼしていました。一方で，過去の〈諦め〉体験をネガティブに認知する挫折・逃げといった認知は，主として時間的展望を媒介して，間接的に精神的健康に影響を及ぼしていました。パス係数は，前節で諦めること一般に関する認知（〈諦め〉観）を検討した際に報告されていたものよりも高く，過去の特定の〈諦め〉体験に対する意味づけと精神的健康の関連の高さが伺えます。これらの結果は，〈諦め〉体験を自分にとっての挫折・逃げだと意味づけること自体が問題ではなく，そこから豊かな時間的展望を持てるかどうかの方がむしろ重要であることを示唆しているといえるでしょう。また，「逃げ認知」は「挫折認知」と比べて精神的健康との関連が弱く，ネガティブでありながら非適応的ではないことが示唆されます。

　一方で性差については二つのパスで有意差がみられたのみであり，それほど顕著ではありませんでした。しかしながら，青年期における総合効果・直接効

第3章 〈諦め〉が心の健康におよぼす様々な影響

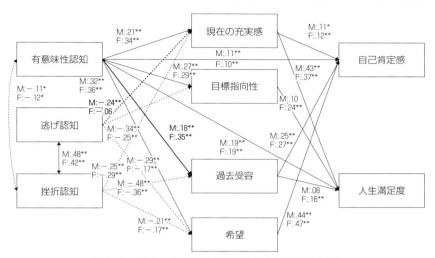

図3-6 男女ごとの共分散構造分析の結果（青年期）

（注） * p＜.05, ** p＜.01。数値はいずれも標準化推定値。なお, 誤差変数については省略。

表3-15 男性における効果の詳細（青年期）

	自己肯定感			人生満足度		
	総合効果	直接効果	間接効果	総合効果	直接効果	間接効果
有意味性認知	.32	.11	.21	.32	.19	.13
逃げ認知	－.15	0	－.15	－.14	0	－.14
挫折認知	－.24	0	－.24	－.14	0	－.14

表3-16 女性における効果の詳細（青年期）

	自己肯定感			人生満足度		
	総合効果	直接効果	間接効果	総合効果	直接効果	間接効果
有意味性認知	.41	.10	.30	.44	.19	.25
逃げ認知	－.09	0	－.09	－.08	0	－.08
挫折認知	－.21	0	－.21	－.17	0	－.17

第Ⅰ部　〈諦め〉は私たちの人生や心の健康にどうかかわるか

果・間接効果という観点からみると，有意味性認知が精神的健康に対して及ぼす影響は男性よりも女性の方が強く，これは前節の諦めること一般に関する認知の結果と一致しています。コラム8では女性における有意味性認知の重要性について述べ，青年期における女性のライフコースの多様性と困難を指摘しました。今回得られた結果も青年期男性において有意味性認知の重要性が女性よりも低いということを示していると考えられます。この時期の男性においては，有意味性認知が女性よりも機能しにくいといえるでしょう。女性と比較して，青年期の男性は職業を持ち経済的に独立することが単純に男性役割の形成に繋がりやすいので，職業との葛藤は少ない[13]とされます。しかしながら，これは別のみかたをすると，青年期の男性は女性に比べてライフコースの多様性が少ないともいえます。男性が社会的に期待される男性役割を受容することは女性に比べると容易ですが，それはある面では男らしさ・男性ジェンダーへの固執でもあり，それは自らを職業生活に拘束させる状況に追い込む方向に働きがちです。[15]このようなライフコースの多様性の少なさは，価値の少なさとしても捉えられます。すなわち青年期男性においては女性に比べてアイデンティティを確立しやすい反面，代替的な価値が少ないとも考えられます。そのため，何かを諦めた際にそれを受容し，次の夢や目標に向かい，過去の経験を有意味であったと意味づけることが精神的健康の向上に結び付きにくい可能性があるでしょう。男性においても女性においても人生を生きていく上で〈諦め〉が重要であることはもちろんですが，その重要性はやや異なることが今回の結果からわかります。

（5）過去の〈諦め〉体験への意味づけと心の健康Ⅱ：成人期前期

　成人期前期において，過去の特定の体験に対する意味づけが精神的健康に与える影響を，共分散構造分析を用いて検討しました。仮説をもとに過去の特定の体験に対する意味づけが時間的展望を介して精神的健康に及ぼす影響を検討するモデルを作成しています。なお，各変数間の単相関を表3-17に示します。

　モデルをもとに，5％水準で有意でないパスをパス係数の絶対値が大きいも

第3章 〈諦め〉が心の健康におよぼす様々な影響

表3-17　過去の特定の〈諦め〉体験に対する意味づけ尺度と時間的展望，自己肯定感，人生満足度の相関係数（成人期前期）

	①	②	③	④	⑤	⑥	⑦	⑧	⑨
①有意味性認知		−.15**	−.20**	.28**	.34**	.18**	.36**	.30**	.35**
②逃げ認知			.48**	−.34**	−.32**	−.31**	−.40**	−.37**	−.23**
③挫折認知				−.41**	−.28**	−.49**	−.41**	−.41**	−.33**
④現在の充実感					.61**	.50**	.68**	.52**	.60**
⑤目標指向性						.37**	.77**	.52**	.47**
⑥過去受容							.55**	.59**	.48**
⑦希望								.70**	.57**
⑧自己肯定感									.55**
⑨人生満足度									

（注）　*　$p<.05$，**　$p<.01$

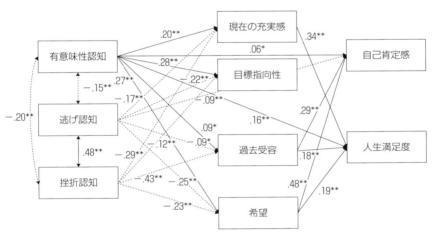

図3-7　共分散構造分析の結果（成人期前期）

（注）　*　$p<.05$，**　$p<.01$。数値はいずれも標準化推定値。なお，誤差変数については省略。

表3-18　効果の詳細（成人期前期）

	自己肯定感			人生満足度		
	総合効果	直接効果	間接効果	総合効果	直接効果	間接効果
有意味性認知	.21	.06	.16	.29	.16	.13
逃げ認知	−.23	−.09	−.14	−.12	0	−.12
挫折認知	−.24	0	−.24	−.22	0	−.22

のから順に削除して分析を行った結果，図3-7のモデルが得られました。なお，そのままでは適合度が低かったため，時間的展望および精神的健康それぞれの変数において誤差間の共分散を設定し，再度分析を行いました。最終的な適合度は，CFI＝1，RMSEA＝.00と十分な値が得られました。「有意味性認知」は，直接および過去受容と希望を介して自己肯定感に正の影響を，直接および現在の充実感，過去受容，希望を介して人生満足度に正の影響を及ぼしています。「逃げ認知」は直接および過去受容と希望を介して自己肯定感に負の影響を，現在の充実感と過去受容，希望を介して人生満足度に負の影響を及ぼしています。「挫折認知」は過去受容および希望を介して自己肯定感に負の影響を，現在の充実感，過去受容，希望を介して人生満足度に負の影響を及ぼしています。それぞれの直接効果，間接効果，総合効果を表3-18に示します。

性別による比較

　上記で得られたモデルに関して，性差があるかを検討するため，多母集団の同時分析を行いました。モデルの適合度は，CFI＝1，RMSEA＝.03と十分な値が得られました。パラメータ間の差の検定を行ったところ，男女のパス係数が有意に異なっていたのは「有意味性認知」から「現在の充実感」へのパス（男性 β＝.28，女性 β＝.09：$p<.05$），「有意味性認知」から「目標指向性」へのパス（男性 β＝.42，女性 β＝.14：$p<.001$），「有意味性認知」から「希望」へのパス（男性 β＝.38，女性 β＝.14：$p<.001$）でした（図3-8）。表3-19，表3-20に男女それぞれの直接効果，間接効果，総合効果を示します。

青年期と成人期前期の比較と男女差

　成人期前期では，ポジティブな有意味性認知は精神的健康に直接的・間接的に影響を及ぼしている一方で，挫折・逃げといった認知は，時間的展望を媒介して，間接的に精神的健康に影響を及ぼす傾向が見て取れます。これは青年期の結果と同じく，〈諦め〉体験を自分にとっての挫折・逃げだと意味づけること自体が問題ではなく，そこから豊かな時間的展望を持てるかどうかの方がむしろ重要であることを示唆しています。成人期前期と青年期の結果を比較すると，逃げや挫折といった認知が精神的健康に及ぼす影響はそれほど変化がみら

第3章 〈諦め〉が心の健康におよぼす様々な影響

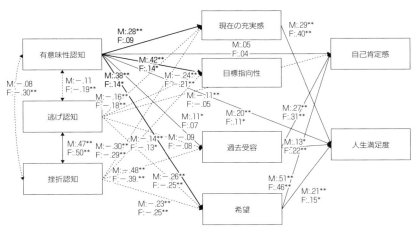

図3-8 共分散構造分析の結果(成人期前期)

(注) * p<.05, ** p<.01。数値はいずれも標準化推定値。なお,誤差変数については省略。

表3-19 男性における効果の詳細(成人期前期)

	自己肯定感			人生満足度		
	総合効果	直接効果	間接効果	総合効果	直接効果	間接効果
有意味性認知	.27	.05	.22	.38	.20	.17
逃げ認知	-.26	-.11	-.15	-.11	0	-.11
挫折認知	-.25	0	-.25	-.20	0	-.20

表3-20 女性における効果の詳細(成人期前期)

	自己肯定感			人生満足度		
	総合効果	直接効果	間接効果	総合効果	直接効果	間接効果
有意味性認知	.13	.04	.09	.18	.11	.07
逃げ認知	-.19	-.05	-.14	-.12	0	-.12
挫折認知	-.24	0	-.24	-.24	0	-.24

れないのに対して,有意味性認知が精神的健康に及ぼす影響が成人期前期においてより小さくなっていることがパス係数からわかります。そしてこの背景には,多母集団同時分析の結果にみられた,成人期前期女性における有意味性認知の精神的健康に対するパス係数の低下が関係しています。加えて,男性においてはパス係数の値にあまり変化がないことから,青年期に比べて,成人期前

第Ⅰ部　〈諦め〉は私たちの人生や心の健康にどうかかわるか

期における女性の有意味性認知の重要性が相対的に低くなっている可能性が示唆されます。今回性差がみられたのは，「有意味性認知」から「現在の充実感」「目標指向性」「希望」といった現在や未来に関する時間的展望へのパスにおいてでした。これは，この時期の女性において，過去の〈諦め〉体験を有意味であると認知したとしてもそれが現在や未来の時間的展望を広げることにはならないことを示唆しています。

　この背景には青年期と成人前期という発達段階の違いが関係している可能性が考えられます。青年期は，主に「おとなの世界へ入る時期」[18][19]であり，仕事の上では就職，プライベートでは恋愛や結婚といったように今後の生活を選択，獲得する時期です。一方で，成人期前期は主に「一家を構える時期」[18][19]であり，仕事の上では昇進，プライベートでは出産や子育てといったように生活を確立，維持していく時期です。この時期の女性は子育てのために仕事上のキャリアを断念せざるをえないことがまだまだ多く，正規社員のままで30代のキャリアを形成する男性は8割近いのに対し，女性はわずか4割強程度に過ぎません[20]。男性は仕事という形で青年期から一貫して仕事領域での獲得と維持を続けることができる場合が多いため，過去の体験を現在や未来に活かすことが比較的容易です。その一方で，女性においては青年期において仕事領域での獲得ができても成人前期においてはその維持を断念せざるをえない場合も多く，子育てといういわばまったく新しい事態に一人で立ち向かわなければならないことも多くあります。そうなると，過去の体験を現在や未来に活かすことはなかなか難しくなってきます。実際に徳永も[20]，キャリアの継続を断念した女性にとって子育て後のアイデンティティは拡散しがちであり，「自分と言えるキャリアがほしい」と願いながら，キャリアの中断後に納得できる仕事や居場所を獲得することは現代においても困難であることを指摘しています。つまり，女性においては，青年期のような生活を獲得する段階においては過去の〈諦め〉体験を有意味であると思えればそれを現在の選択，あるいは未来の展望に活かすことが可能であると考えられます。しかし，成人期前期において子育てのために仕事を断念した場合，過去の〈諦め〉体験が有意味であるかどうかよりも，たとえば，

112

第3章　〈諦め〉が心の健康におよぼす様々な影響

子育てを含めた今現在の状況を踏まえた上での現在や未来への時間的展望の方が重要であることも多いでしょう。また仕事に専念するという形を選択したとしても，妊娠や子育てという選択肢はこの時期のアイデンティティ確立に大きくかかわってくることが予想され，過去の〈諦め〉体験で得られたものを現在や未来に活かしにくい状況にあるのかもしれません。

（6）質問紙法を用いた〈諦め〉研究の限界と展望

　本章で紹介した研究は自分にとって重要な過去の〈諦め〉体験の有無でスクリーニングをかけており，多くの人々が諦めた体験を人生にかかわる重要なものと考えていること，またそれに対する意味づけと自己肯定感や人生満足度が非常に深い関係にあることがわかります。つまり，諦めるという行動だけでなく，諦めることそのもの（諦めること一般に関する認知），あるいは過去に諦めたことをどう捉えるかという認知も適応上重要であることが示唆されます。具体的には，諦めたことに意味を見出したり，挫折であるという認知を変えていくことが精神的健康において重要である可能性が明らかになりました。諦めることに関連した心理的苦痛・苦悩がある場合には，本章の研究で開発した尺度を用いて，諦めること一般に関する認知や過去の〈諦め〉体験に対する意味づけを尺度で測定し，臨床支援に繋げることが可能になります。たとえば，尺度で自らの〈諦め〉体験への認知を測定し，〈諦め〉に関連した認知・意味づけの多様性を知ることは，問題の客観視と体験の整理に繋がると考えられます。

　留意点として，今回の研究では〈諦め〉に関係する認知と意味づけを測定しようとしましたが，実際には肯定的・否定的という2側面（過去の〈諦め〉体験に対する意味づけは3側面）の一部を弁別したに過ぎない可能性があります。この2（3）側面においても，諦めることに関する認知の変容プロセスや精神的健康との関連という今後の研究に繋がる意義がありますが，それぞれの側面についてさらに検討を行い，より詳細な構造を検討することで有用な知見が得られる可能性があります。

　また，1時点での質問紙調査という調査の性質上，因果関係について明らか

第Ⅰ部　〈諦め〉は私たちの人生や心の健康にどうかかわるか

にすることはできません。今後は，縦断調査という形で，意味づけの変化や精神的健康との関連をみていくことが重要です。加えて，過去の〈諦め〉体験に関連した経験についても一文で聞くものであったため，個々人の経験の違いや詳細については検討できておらず，より詳しい検討が必要です。

　今後の展望としては，より広範な発達段階で研究を行うことが考えられます。今回は主に夢や目標という観点の〈諦め〉について扱っているといえ，青年期から成人期前期までは夢や目標という形での〈諦め〉体験が多いものと考えられます。しかしながら，中年期や老年期については，死や病気，老化といった形での〈諦め〉体験も増えてくるでしょう。そのため，中年期以降の〈諦め〉に対する意味づけを検討するにあたっては，今回検討したものとは違った形での認知が生じている可能性が高いといえます。その点を踏まえながら，各発達段階での比較を行うことで〈諦め〉という観点からの臨床心理学的な介入を検討していくこと，発達段階による意味づけの変化や支援のあり方の違いについて検討することが期待されます。

114

第Ⅰ部から第Ⅱ部へ
〈前向きな諦め〉とは何か──研究からみえてきたもの

　第Ⅰ部では，〈諦め〉が私たちの人生や心の健康と深くかかわっていること
をインタビュー調査や質問紙調査から明らかにしてきました。第Ⅱ部では，い
よいよ〈諦め〉に着目したインターネット認知行動療法について述べていきま
すが，その前に，第Ⅰ部の研究成果をまとめ，そこから得られた知見について
考察しておきます。

（1）〈諦め〉の建設的側面としての〈前向きな諦め〉

　まず第1章で述べた日本的アクセプタンスとしての〈諦め〉についての議論
について簡単に振り返っておきましょう。マインドフルネスやアクセプタンス
に代表される第三世代の認知行動療法は仏教の理論や行法から学び，それらを
心理支援に活かしたものと位置づけることができます。そして，仏教と深く関
係する〈諦め〉という観点からその建設的側面，すなわちアクセプタンスとし
ての〈諦め〉について探ることが第Ⅰ部の目的でした。そしてそれは同時に，
日本的な心のあり方にそくしたインターネット認知行動療法がどういったもの
なのか，という問題意識に繋がります。つまり，第Ⅰ部で得られた〈諦め〉に
ついての様々な理論はインターネット認知行動療法のメカニズムとなる理論の
構築でもあったということができるでしょう。ここではまず，〈諦め〉の建設
的側面としての〈前向きな諦め〉について第Ⅰ部で明らかになったことをまと
め，次にアクセプタンスとの比較から〈前向きな諦め〉概念について再考する
こととします。

　まず，建設的な〈諦め〉を考えるにあたっての第一のポイントはやはり，イ
ンタビュー調査から得られた「未練型」「割り切り型」「再選択型」のうち，「割
り切り型」と「再選択型」という二つの建設的な心理的なプロセスです。そし
て，これらの二つの共通点は，「実現欲求低下」と「達成エネルギーの転換」

115

第Ⅰ部 〈諦め〉は私たちの人生や心の健康にどうかかわるか

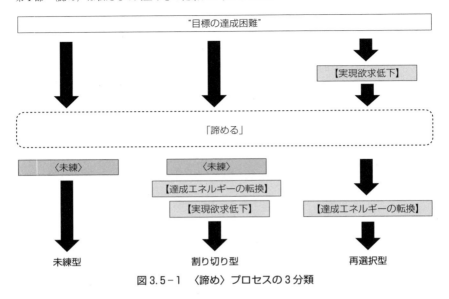

図3.5-1 〈諦め〉プロセスの3分類

でした（第2章第2節）。プロセスを簡略化した図3.5-1を示します。
　このうち「達成エネルギーの転換」は別の目標へのエネルギーの転換であり，狭義の〈諦め〉というよりむしろ新しい目標に向かう行動的側面を示しています。それに対して「実現欲求低下」は，第三世代の認知行動療法や仏教との関連で着目してきた「欲望」と関係が深く，まさに心理的側面ということができるでしょう。ここで，心理的な部分での建設的な〈諦め〉とはほぼ「実現欲求低下」の生じた夢や目標の行動的放棄のことであると捉えてよいと考えられます。一方で，構造面でも「諦めた内容」「諦めたきっかけ」「諦め方」という形で建設的な〈諦め〉の検討を行いましたが，「諦め方」という枠組みでは建設的側面と非建設的側面の区別が困難でした（第2章第1節）。

「行動的諦め」と「心理的諦め」
　この「諦め方」と「諦めプロセス」という二つの〈諦め〉の分類の質的な違いを整理すると，次のように位置づけることができます。

第Ⅰ部から第Ⅱ部へ：〈前向きな諦め〉とは何か

　①「諦め方」という形で表現される〈諦め〉＝「行動的諦め」
　②「行動的諦め」の背景にある欲求の心理的プロセスのうち，建設的な部分である「実現欲求低下」に至る心理的プロセス＝「心理的諦め」

　逆に，プロセスを主体としてみると，次のように位置づけることができます。

　①〈諦め〉プロセスにおける欲求の低下という心理的な部分＝「心理的諦め」
　②「心理的諦め」における欲求と環境との葛藤の結果，表現された放棄や選択といった行動＝「行動的諦め」

　上記の区別をすることで，〈諦め〉に含まれる行動的な要素に言及しているのか，心理的な要素に言及しているのかをより明確にすることができます。
　さらに，このような行動的諦めと心理的諦めの二つがともに生じてこそ，その〈諦め〉は（程度の差こそあれ）建設的なものとして機能するといえるでしょう。もっとも，その上で第2章第2節の〈諦め〉プロセスを再度検討すると，〈諦め〉の建設的な側面を臨床的に活かすというのは，行動的諦めの前であっても後であっても，心理的諦めの促進に他なりません。というのも〈諦め〉というのが問題になる場合の多くは，目標を放棄したり，他の目標を選択したりという行動がとれないということよりも，自身の欲求に折り合いをつけるという部分での苦悩が大きいと考えられるからです。実際に，稲月も「あきらめ」体験について5名の女性にインタビューを行った調査で，重要なのは〈諦め〉の結果ではなく，痛みを含めたそのプロセスがしっかりと辿られているか否かが心理的に重要であることを指摘しています[1]が，これも心理的諦めの重要性を裏づけるものであると考えられます。そのため，〈諦め〉と心の健康を考える上で重要なのは「心理的諦め」であり，これこそが〈前向きな諦め〉であると考えられます。

（2）日本的アクセプタンスとしての〈前向きな諦め〉再考

　さて，このようにあらためて〈諦め〉の建設的機能という観点に着目すると，

117

やはりある種のアクセプタンス，すなわち現実と前向きな折り合いをつける方法として〈諦め〉が機能しているということができます。「思考・感情・性格といった私的事象を回避せずに受け入れること[2]」というアクセプタンスの定義に照らしてみても，〈前向きな諦め〉は自己の欲求と環境の齟齬から生じる一連の心理的プロセスであり，「割り切り型」および「再選択型」はその齟齬から生じる自己や現実を受容し，前に進むという意味でまさにアクセプタンスということができます。

割り切り型と再選択型の異同

　そしてこのアクセプタンスの質的な違いが，割り切り型と再選択型という二つの心理的プロセスで表現されているということができるでしょう。この二つのプロセスの違いは，【実現欲求低下】が生じるタイミングが，行動的諦めの前か後かで区別することができます。

　割り切り型は，行動的諦めの後で【実現欲求低下】が生じるアクセプタンスのパターンです。行動的諦めの後，周りの人が自分の意思決定や目標に向けての努力を認め，それを尊重してくれることで，一度妥協した目標やしぶしぶ選んだ選択肢に少しずつ前向きになることができ，【実現欲求低下】が生じます。この「割り切り型」は自己の欲求と環境の齟齬という厳しい現実を体験し，そこから立ち直るというまさに創造的絶望のプロセスであり，アクセプタンスという用語によって従来表現されてきた自己や現実の「受容」として〈諦め〉が機能していると捉えることができるでしょう。

　再選択型は，行動的諦めの前に【実現欲求低下】が生じる形のアクセプタンスのパターンです。再選択型は，実現が難しそうでも目標達成にこだわり，目標に対する努力を継続する中で自己や目標に対する気づきが生じ，諦めるしかないという心境の中で【実現欲求低下】が生じ，行動的諦めに移ります。この「再選択型」は，自己の欲求と環境の齟齬が自己や現実を積極的に活かし次のステージに進むきっかけとして機能しており，これは受容に加え，自己や現実を「活かす」機能を〈諦め〉が有しているといえます。

　「割り切り型」においては未練があってもそれを乗り越え先に進むという点

で，「再選択型」においては未練が生じる前に自分で洞察することで先に進むという点で，いずれも現実の中で葛藤しながらも，与えられた条件の中で自己をうまく活かし切るという形で〈諦め〉が機能していることがわかります。

日本文化との関連

　日本的アクセプタンスとしての〈前向きな諦め〉の「日本的」という点についても触れておきましょう。大橋は，西洋において〈諦め〉が受容と対比され[(3)]，否定的に位置づけられていることを指摘しており，〈諦め〉がたんに否定的なものにとどまらず，肯定的な意味合いを有すること，すなわち肯定的な意味合いと否定的な意味合いをともに携えている点が日本の〈諦め〉という概念の独自な点である可能性を指摘しています。

　この指摘については海外の研究をみても妥当であると考えられます。たとえば，海外における日本語の〈諦め〉と類似した概念の研究では[(4)]，自分にとって目標の達成が不可能となった状況における対処方略を研究し，「目標の断念（Goal Disengagement）」と「目標の再挑戦（Goal Reengagement）」を区別して概念化しています。すなわち，目標を放棄するという要素と次の目標を選択するという要素は明確に区別して概念化されています。しかしながら，本書における研究では，〈諦め〉の構造でもプロセスでも，目標を放棄するという要素と次の目標を選択するという要素が大きく区別されておらず，それらは一体となって捉えられることで，建設的部分と非建設的部分が一緒に〈諦め〉という形で概念化されていました。そしてこの背景には自らの【望み】が自覚されにくいという文化的特徴が想定されます。

　このような心のあり方は東洋における相互協調的自己観という言葉で表現され[(5)]ます。すなわち，わが国は個々人が一つひとつの主体として独立して望み，行動しているというよりも，相互に協調し合いながら関係性の中で主体が成立しています。そのため，自己の欲求と環境の齟齬が自身の本当の欲求に気づいたり，それに向かって行動に移るきっかけとなる場合も非常に多いと考えられます。またその意味では，「再選択型」のように，自らの【望み】をはっきりと自覚せず，周囲との関係性の中で前に進んでいく曖昧なアクセプタンスは，

第Ⅰ部 〈諦め〉は私たちの人生や心の健康にどうかかわるか

わが国において特徴的な〈諦め〉の機能であり，特徴的なアクセプタンスの方法ということができるでしょう。

（3）〈前向きな諦め〉の促進・阻害要因

　以上のような考察を踏まえると，第3章の質問紙調査で検討した，〈諦め〉観と過去の〈諦め〉体験への意味づけは，心理的諦め，すなわちアクセプタンスとしての〈前向きな諦め〉の促進あるいは阻害要因として位置づけることができます。

　〈諦め〉観は「有意味性認知」と「挫折認知」の二つの認知，過去の〈諦め〉体験への意味づけは「有意味性認知」と「逃げ認知」，「挫折認知」の三つの認知から構成されていました。どちらに関しても，「有意味性認知」を促進要因，「逃げ認知」「挫折認知」を阻害要因として位置づけることができるでしょう。またいずれにおいても，「有意味性認知」と「挫折認知」の相関は低く，一定程度独立して促進・阻害の機能を有していることがわかります。これは浅野の(6)わりきり志向の研究において，「わりきりの有効性認知」と「対処の限界性認知」という二側面が互いにほぼ独立していることが示唆されたことと一致しています。それゆえ，〈諦め〉のポジティブとネガティブという二つの指向性が互いにそれほど関連なく存在し，両方が個別に促進・阻害要因として機能しうるものと考えられます。一方で，青年期・成人期前期における過去の〈諦め〉体験への意味づけに関しては「逃げ認知」「挫折認知」という二つのネガティブな意味づけが明らかになりました。それらの相関は中程度であると同時に，精神的健康に対する機能は異なっていました。ここからは阻害要因として，過去の〈諦め〉体験に対するネガティブな意味づけの中でも多様な機能の意味づけがあり，「逃げ認知」のように一見ネガティブではあっても必ずしも非適応的ではなく，ある意味で自分を守る役割を果たしている意味づけも存在することが明らかになりました。

〈諦め〉観および過去の〈諦め〉体験への意味づけの性差と発達段階

　〈諦め〉観および過去の〈諦め〉体験への意味づけの機能に関しては性差が

第Ⅰ部から第Ⅱ部へ：〈前向きな諦め〉とは何か

みられました。これは，青年期および成人期前期という発達段階における性差が関係しているものと考えられます。性差とその背景について結果から得られる考察を次のようにまとめておきます。

　青年期男性においては女性と比べて，社会的な規範に則ったアイデンティティの確立が容易であり，その結果としての進路選択も仕事という形で社会的にも個人的にも受け入れやすいとされています(7)(8)。しかしながら，それは社会的な価値観を内面化させているともいえ，社会的な規範から外れたり，進路選択において一般的な進路をとれなかった場合に，それを挫折や失敗とする社会的な価値観から抜け出にくいということがあると考えられます。それゆえ，青年期男性においては諦めること一般に関する認知に関しても特定の〈諦め〉体験に対する意味づけに関しても，青年期女性に比べて「有意味性認知」が精神的健康に対してポジティブなものとして機能しにくい可能性があるといえるでしょう。一方で，青年期女性においては，青年期男性に比べ社会的な規範に則った形でのアイデンティティの確立が容易ではなく，その結果としての進路選択も，「男は仕事，女は家庭」という既存の社会的な規範も崩壊しつつある現代において仕事や家庭の両立を求められる中で，自分の生き方を社会的にも個人的にも承認できる形で確立していくのが困難です(7)(8)(9)(10)。しかしながら，それは社会的な価値観の内面化が少ないともいえ，従来の規範に縛られない進路選択や生き方の選択をする場合にも，一般的な成功や失敗，挫折という形での社会的な価値観に影響されることは青年期男性に比べて少ないといえるでしょう。このような背景があり，女性は，男性と同様「挫折認知」という社会的な価値観の影響を受けながらも，社会的にはネガティブな経験や現象に価値を見出していくという「有意味性認知」が，精神的健康に対してポジティブなものとして機能しやすい可能性があります。

　そしてこの状況は成人期前期になると変化し，男性に関しては「有意味性認知」も「逃げ認知」も「挫折認知」も青年期とほぼ同様の機能を果たしますが，女性に関しては「有意味性認知」がポジティブなものとして機能しにくくなります。この背景にも発達段階が関係していると考えられます。現代においても

121

第Ⅰ部　〈諦め〉は私たちの人生や心の健康にどうかかわるか

男性は，まだまだ仕事という形で青年期から一貫して仕事領域でのアイデンティティ確立を行っていることが多く，成人期前期に関しても有意味性認知の重要性はそれほど変わりません。一方で，女性に関しては妊娠・出産の適齢期であり，多くの場合仕事から家庭へと，あるいは仕事も家庭もという形で新たな生活を確立していく時期であるといえます。そのような場合には現在の生活環境が時間的展望や精神的健康に及ぼす影響の方が大きくなってくるため，過去の体験が有意味であったかどうかということが現在や未来の時間的展望，精神的健康に及ぼす影響は低下すると考えられます。

第Ⅱ部

〈前向きな諦め〉のための
インターネット認知行動療法

第4章 インターネット認知行動療法とは何か

　第Ⅰ部では認知行動療法の新しい潮流とそのキーコンセプトとしての〈諦め〉について解説するとともに、〈諦め〉と心の健康に関する研究成果を報告しました。第Ⅱ部では第Ⅰ部を受けて、「情報通信技術（ICT）」と「諦め」という二つの観点から、わが国での効果的な認知行動療法の実践に必要なアップデートについて述べていきます。本章ではまず、インターネット認知行動療法の実際について紹介し、日本文化にそくした認知行動療法の実践について考えます。

1 インターネット認知行動療法の現在

（1）認知行動療法（CBT）と情報通信技術（ICT）

　現代ではメンタルヘルスの問題を、生物・心理・社会モデルにおいて理解し、[1]支援することが一般的です。それぞれに対する代表的なアプローチとして、生物学的側面に対応する精神医学、心理学的側面に対応する臨床心理学、社会学的側面に対応する社会福祉学があります。心理学的理解・支援の主要な方法の一つが認知行動療法（Cognitive Behavioral Therapy : CBT）です。認知行動療法は対面や集団、書籍など、これまでに様々な形で提供されており、日常的な習慣の変容から特定の精神障害への介入まで、メンタルヘルスに関連する幅広い分野での効果が認められたため、世界的に用いられている心理学的アプローチとなっています。[2]

　一方で、メンタルヘルスの問題があっても受診・相談に至らないという問題は古くから存在し、サービスギャップ、すなわちメンタルヘルス領域におけるサービスの需要と利用率の間の乖離として長年研究されてきました。[3]わが国に

125

おいてもメンタルヘルス支援の現状として，メンタルヘルスの問題を抱える
人々に対する支援が十分に行き届いていないという状況があります。たとえば，
心の健康についての疫学調査によれば，これまでに何らかの精神障害を経験し
た者のうち，実際に受診・相談があったのは29％に過ぎず，過去12か月での経
験に絞るとわずか18％です。これは少し前の調査ですが，メンタルヘルスとい
う社会問題が叫ばれながらも自殺や過労死，引きこもりや不登校といった形で
顕在化し続ける現在においてもこのような状況は大きく変わっていないと考え
られます。このようなサービスギャップの背景には，支援機関や支援者側がサー
ビスを必要とする群にアクセスできないという問題と，利用者がサービスにア
クセスできないという問題が二重に存在しています。前者に繋がる例としては
サービス提供側のコストの問題や個人情報の問題，後者に繋がる例としては利
用者側の精神科・精神障害に対するスティグマや支援を受ける方法に対する選
好性の問題などが挙げられます。

　近年，これらの問題を解決し，サービスギャップを埋める取り組みとして情
報通信技術（Information and Communication Technology：以下，ICT）を活用
し，認知行動療法を利用者の元に届けようという試みが数多くなされるように
なってきました。これらはインターネットを用いた認知行動療法（internet
based CBT：iCBT）やパソコンを用いた認知行動療法（Computerized CBT：
CCBT）と呼ばれており，本書ではこれらを一括してインターネット認知行動
療法（iCBT）と総称することにします。

（2）諸外国におけるインターネット認知行動療法の実際

　諸外国ではすでに数多くのインターネット認知行動療法が開発され，研究が
進んでいます。とくに有名なサービスとしては，うつや不安の介入プログラム
である「Beating the Blues（http://www.beatingtheblues.co.uk/）」（図4-1）
やうつの予防と対処のための認知行動療法スキル学習サイト「moodgym
（https://moodgym.com.au/）」（図4-2）があり，どちらもその効果が実証され，
長年にわたって数多くの人々に利用されてきています。Beating the Blues は

第4章 インターネット認知行動療法とは何か

図4-1 Beating the Blues (http://www.beatingtheblues.co.uk/)[5]

イギリスで開発されたもので，英国国立医療技術評価機構の国民保健サービスで推奨されているプログラムです。Mood GYMはオーストラリア国立大学によって開発されたプログラムです。表4-1にランダム化比較実験（RCT）によって効果が実証されている著名なサービスをまとめました。

なお，本邦においてインターネット認知行動療法についてレビューした論文[7][8][9][10]や翻訳書[11]もすでにいくつかありますので，各プログラムの特徴やエビデンスといった詳細についてはそちらを参照してください。

これらのインターネット認知行動療法についてはすでに研究レベルで多くの効果が実証されています。系統的なレビュー[12][13]によればインターネット認知行動療法は心理職のガイドありが主流であり，うつ病・不安障害・身体症状という代表的な三つの領域のいずれにおいても対面式認知行動療法とほぼ同程度の効果がある一方で，ガイドなしインターネット認知行動療法はガイドありに比べると効果が低く，ドロップアウト率も高いという課題が指摘されています。こ

第Ⅱ部　〈前向きな諦め〉のためのインターネット認知行動療法

図4-2　moodgym（https://moodgym.com.au/）[6]

の課題は他の研究でも指摘されており，うつ病のセルフヘルプのためのスマートフォン・アプリケーションの系統的レビューの研究においても[14]，数多くのアプリケーションがあり社会的な要請も大きい一方で，認知行動療法や行動活性化（Behavioral Activation）に則りきちんとした効果の検討が行われた適切なアプリケーション，すなわちガイドなしのインターネット認知行動療法は存在せず，サービスの質の面ではまだまだ発展途上であることが明らかになっています。

（3）なぜインターネット認知行動療法が世界的に注目されているか

このように，メンタルヘルス問題の有効な対策として世界的にICTを用い

第4章　インターネット認知行動療法とは何か

表4-1　諸外国の CCBT の概要

サービス名	関連 URL	提供元 （国名）	提供 言語	対象	人的 サポート	動機づけのため の工夫	効果研究 （RCT） 結果の要点
moodgym	https://mood gym.com.au/	Australian National University （オーストラリア）	英蘭 中諾	若者 〜 成人	なし	●セッションご とのフィード バックや宿題	介入群と 待機群に 有意差あり
BluePages	http://www. bluepages.anu. edu.au/	Australian National University （オーストラリア）	英諾	子ども 〜 老年	なし	●自身の状態に ついてのフィ ードバック	介入群と 待機群に 有意差あり
CATCH-IT	http://catchit- public.bsd. uchicago.edu/ （現在閉鎖中）	The University of Chicago （アメリカ）	英	若者	●プライマリケ ア医による動 機づけ面接	●オンライン チャット	MI介入群（動機 づけ面接の後に介 入）はBA介入群（プ ライマリ医による 短い支持的なアド バイスの後に介 入）と同等の効果
THIS WAY UP	https://this wayup.org.au/	St Vincent's Hospital （オーストラリア）	英中	成人	●精神科医によ るサポート ●ディスカッ ション・フォ ーラム	●成功者の体験 談 ●コミックの活 用 ●サービスの定 期利用の勧奨	介入群と待機群に 有意差あり，一般 治療群と同等効果
SPARX	http://sparx. org.nz/	Auckland University （ニュージーランド）	英	若者	なし	●キャラクター の存在 ●ゲームに基づ くデザイン	一般治療群と 同等効果
Good days ahead	https://www. gooddaysahead. com/	Empower Interactive Inc. （アメリカ）	英	成人	●セッション中 の質問への回 答	●ビデオの活用 ●自身の状態に ついてのフィ ードバック	介入群と 待機群に 有意差あり
Colour Your Life （Kleur je leven）	https://www. kleurjeleven.nl/	Belgium Sin-off Leuven University （ベルギー）	蘭	成人	●セッション中 の質問への回 答	●気分日記 ●宿題と振返り	介入群と 待機群に 有意差あり
MoodMemos	http://www. moodmemos. com/	Orygen Youth Health, University of Melbourne （オーストラリア）	英	成人	なし	なし	介入群と 待機群に 有意差あり
Master your Mood Online （Grip Op Dip Online）	http://www. gripopjedip.nl/	Regional Institute for Mental Health Care （ドイツ）	独	16歳 〜 25歳の 青少年	●メンタルヘル スの専門家が ガイドとして 参加	●チャットルー ム ●宿題	介入群と 待機群に 有意差あり
Stress and Mood Management	http://stress andmood.com/ loginpage.asp	Center for Workforce Health, The ISA Group （アメリカ）	英	成人	なし	●ビデオの活用	介入群と 待機群に 有意差あり

（注）　人的サポートとは，援助者やそれに準ずる者によるサービス提供者側からのサポートを指す。
（出所）　安ほか（2016），p.221（一部改変）

第Ⅱ部 〈前向きな諦め〉のためのインターネット認知行動療法

た認知行動療法が注目されるようになってきています。その背景要因として「サービスギャップの克服への寄与」と「ICT の進歩と情報通信端末の一般化」があげられます。

サービスギャップの克服への寄与

　第一には，先述したサービスギャップを埋める手段として ICT 活用が有効であるためです。2000年代に入ってから数多くのインターネット認知行動療法が開発され，その効果の検討が進められる中で，インターネット認知行動療法の有用性と対面での認知行動療法に比べてのメリットが徐々に明らかになってきました。[8] 従来行われてきた対面での認知行動療法とインターネット認知行動療法の違いを踏まえた上での，インターネット認知行動療法のメリットは主に次の3点にまとめられます。

　1点目は，「利用・提供コストの低減」です。これはコミュニケーションコストの低減に起因しています。インターネット認知行動療法の利用にあたっては従来の面接のように，特定の時間に特定の場所に出向くということは必要ありません。もちろん，インターネットの利用環境は必要ですが，申し込みにかかわる電話代や交通費，面接場所の利用料等が不要であり，金銭的なコストを抑えることができます。また，24時間利用可能な場合も多く，都合のいいときに利用できるため時間的コストも削減できます。これらに加えて物理的な場所や紙資料を必要とせず，環境を整えれば万単位の人が一度に利用することもできるという点でサービス提供側のコストも削減することが可能になります。

　2点目は「アクセシビリティの向上とスティグマの低減」で，これは利用者がサービスを利用しやすくなることに起因しています。「いつでも」「どこでも」利用できる体制を整えることで，援助を求める敷居を下げることができます。これらに加えて，従来の対面でのメンタルヘルス支援と相補的に利用可能です。そのため，インターネット認知行動療法はそれ自体が一種の介入であると同時に，対面での認知行動療法につながる手段としても有用であると言えるでしょう。

　3点目は「サービスの質の均一化と効果測定・改善」で，これはサービスが

130

ソフトウェアの形で提供されることに起因しています。サービスの内容や流れが明確ですので，提供するサービスの質はつねに一定です。ガイドありインターネット認知行動療法の場合でも，多くはサービスに関連した相談を受ける形になりますので，構造がはっきりしています。また，利用者の利用履歴や入力内容がデータの形でそのまま残りますので，効果測定のための項目を入れておくことで効果を検証することができます。また，ソフトウェアのバージョンアップという形で，提供するサービスを一度に改善することができます。

ICT の進歩と情報通信端末の一般化

　第二に，ICT の発展によりこれまで対面でしか難しかったことがインターネット上でも可能になったという時代背景があります。従来のメンタルヘルス支援は対面での面接が主流でした。「いのちの電話」のような電話相談も古く[15][16]から実施されていますが，主に危機介入にとどまっており，多くのメンタルヘルス支援は利用者が支援者の元に出向く形で実施されています。しかし，現在ではメールやチャットといったインターネット上でのコミュニケーションツールも発達してきており，支援の場でも用いられるようになっています。このように[17][18]インターネット上でのコミュニケーションが，「どこでも」「いつでも」「誰でも」容易に行えるようになったのは2010年代以降です。表4－2は総務省が作成した情報通信端末の世帯保有率の推移ですが，2010年から2013年にかけてスマートフォンの保有率が急激に上昇し，個人端末によるインターネット上でのコミュニケーションが非常に容易になったことがわかります。テキストベースのメールやチャットだけでなく，画像や動画でのやりとりも容易になってきており，メンタルヘルス支援領域でも用いられるようになってくると考えられます。これらは全て ICT の進歩の賜物であり，今後も ICT の進歩と活用が進んでいくと考えられます。

第Ⅱ部 〈前向きな諦め〉のためのインターネット認知行動療法

表4-2 情報通信端末の世帯保有率の推移

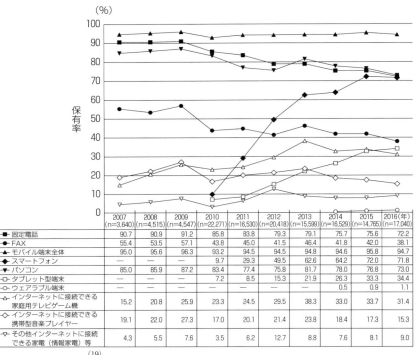

（出所）　総務省（2018）[19]

2 日本で有効なインターネット認知行動療法とは

(1) わが国におけるインターネット認知行動療法の現状

わが国においてもいくつかのインターネット認知行動療法に関する研究が報告されています。たとえば，広場恐怖を伴うパニック障害に対するプログラム[20][21][22]，論理情動療法のコンピュータ化を試みたプログラム[23][24][25][26]，自己モニタリングに焦点を当てた不安障害・うつ予防のWebサービス[27][28]，うつに対する認知行動療法の心理教育Webサイト[29]などがあります。

わが国でのインターネット認知行動療法はいまだ発展段階であり，研究ベー

第4章 インターネット認知行動療法とは何か

スで効果検証されているものが大半です。そのため，クローズドな運用をされているものが多くなっています。ここではオープンな運用をしている代表的なサイトとして，「こころのスキルアップ・トレーニング」(図4-3)と「U2plus」(図4-4)を紹介します。

こころのスキルアップトレーニングは精神科医の大野裕氏が発案・監修する認知行動療法活用サイトで，U2plusはうつ病当事者の東藤泰宏氏がファウンダーとなって立ち上げたうつ病当事者のための認知行動療法コミュニティサイトです。

こころのスキルアップ・トレーニングは認知行動療法に関する知識とスキルの習得，U2plusはうつ状態の方のためのSNSと，目的は異なりますが，いずれのサイトもインターネット認知行動療法サービスとして公開されていて活用できる数少ないサイトになっています。こころのスキルアップ・トレーニングは実際の臨床現場でも活用されており，中等症以上のうつ病患者や復職後のうつ病休職者支援の中で対面での面接と並行して実施されていることが報告されています。また，U2plusは，1か月間に6,000人のアクティブユーザーがウェブサイト上で認知行動療法を利用し，利用者同士の情報交換や励まし合いの形でお互いサポートし合う場として機能していることが報告されています。今後，これら二つのサービスに代表されるように，研究領域だけでなく，メンタルヘルス支援の現場でインターネット認知行動療法が用いられていくことが期待されています。

（2）インターネット認知行動療法の開発と実践の経験からみえてきたこと
──モチベーションの問題

筆者は東京大学の研究グループに所属し，インターネット認知行動療法の実践・研究を行ってきました。その中で明らかになってきた大きな課題はモチベーションの維持です。インターネット認知行動療法を利用してもらえれば効果があるのですが，効果が出るまでモチベーションを保つことが難しいのが現状です。この問題の背景にはいくつかの要因があると考えられます。

第Ⅱ部 〈前向きな諦め〉のためのインターネット認知行動療法

図4-3　こころのスキルアップ・トレーニング（https://www.cbtjp.net）(30)

第4章　インターネット認知行動療法とは何か

図4-4　U2plus（https://u2plus.jp）[31]

　一つ目の要因として日本と欧米の文化差が考えられます。認知行動療法はもともと西洋で開発されたものであり、エビデンスの蓄積も主に諸外国でなされてきました。一方、臨床実践はきわめて文化的な営みであり、エビデンスや理論を踏まえながらもその国や地域特有の文化や心性を考慮して、柔軟かつ堅実に実施される必要があるものです。それゆえ、わが国での認知行動療法実践においては、そのエビデンスを蓄積していくとともに、わが国特有の文化や心性を考慮した実践研究、すなわち認知行動療法の地域化研究が求められます。

　わが国特有の文化や心性を考慮した認知行動療法実践のために考慮すべき問題の例として、認知行動療法の前提となっている自己観があります。認知行動療法は西洋的な自己観にもとづき、自立した個人による心理的問題の意識化と自己対処を志向するものであり、自我の強化・安定化を目的としています。しかし、日本人のように自他の境界が曖昧である場合には、問題の意識化と自己対処を求められることで逆にそれにとらわれてしまい、結果的に自我の弱体化・不安定さが生じる場合も多いと考えられます。そのような問題意識と第I

第Ⅱ部 〈前向きな諦め〉のためのインターネット認知行動療法

部第1章第1節で検討を行った人間の欲望の重視という認知行動療法の新しい
パラダイムを踏まえ，筆者は，心理的なとらわれを一度脇において手放す〈諦
め〉の重要性に着目しています。日本と欧米の文化差を踏まえれば，たんに海
外のインターネット認知行動療法を輸入するだけでなく，日本の文化に合った
インターネット認知行動療法を開発・研究していくことは，日本に合った臨床
心理学的支援の発展という意味で非常に意義深いといえるでしょう。

　また，モチベーションを保つことが難しい二つ目の原因として，学習による
セルフケアにとらわれすぎている点が挙げられます。海外のインターネット認
知行動療法は基本的にテキストベースで学習を進めていくものが多く，イン
ターネットという提供媒体のメリットを生かしきれていないことがあります。
実際，インターネット認知行動療法一般に関して，とくにガイドなしのインター
ネット認知行動療法はガイドありのものに比べると効果が低く，ドロップアウ
ト率も高いという課題が指摘されています。[11] しかし，経済的・時間的コストの
削減といったインターネット認知行動療法のメリットをもっとも活かせるのは
ガイドなしのインターネット認知行動療法であり，ガイドなしのインターネッ
ト認知行動療法のモチベーションの問題に取り組む意義は大きいといえるで
しょう。これに関して取り組んできたのは，ゲーミフィケーションなどのモチ
ベーションを維持させる工夫を組み込むことです。ゲーミフィケーションとは
近年注目されている概念で，優れたゲームの要素やゲームデザインの手法を社
会活動やサービス開発に組み込む動きを指します。[34] 素朴なところで言えば，
Webサイトにアクセスするごとにポイントがもらえたり，活用度合いに応じ
てユーザーのレベルが上がっていくのもゲーム的な要素だと言えるでしょう。
「サービスとしてのゲーム」には三つのレベルが存在し，「部分的な活動に対す
るゲーム要素の導入」をレベル1，「活動全体に対するゲーム要素の導入によ
る既存活動支援」をレベル2，「活動全体に対するゲーム要素の導入による新
たな価値創造」をレベル3と考えられています。[35] 価値の創造という観点からい
えば，従来対面で行われることが多かった臨床心理学的援助にICTとゲーム
という観点を取り入れることで，様々な活動にメンタルヘルス向上という価値

第4章 インターネット認知行動療法とは何か

が付与される可能性があります。たとえばインターネット認知行動療法を用いることで、スマートフォンでゲームをするという活動が臨床心理学におけるアセスメントや介入の機能の一部を代替することが可能となります。インターネット認知行動療法による援助を模索することは、従来の援助方法では支援に繋がらなかった、あるいは繋がりにくかった人々への支援が可能になるという点でも意義深いと考えられます。

（3）認知行動療法のアップデート──文化と提供媒体の観点から

わが国でインターネット認知行動療法を実施するにあたって、日本と欧米の文化差とインターネットという提供媒体の強みを考慮するという二つの観点が重要であることを述べました。これは、本書が認知行動療法の発展、つまりアップデートを二つの観点から論じているということでもあります。一つは日本的な心のあり方を考慮した認知行動療法の提案という文化の観点、もう一つはインターネットを含むICTを用いた認知行動療法の提供という提供方法の観点です。もちろん、認知行動療法における文化と提供方法は非常に広いテーマですので、本書では具体的な研究・実践例を述べることになるわけですが、筆者は認知行動療法の研究や実践において、日本的な心のあり方とICTへの着目はいずれも重要になってくると考えています。また、これら二つの観点に着目した研究が今後発展し、その発展に本書が貢献できることを期待しています。本書の内容からは少し脱線するので詳しくは述べませんが、研究の方向性を示す意味で、それぞれについて筆者の関連する研究と今後の展望を簡単に述べておきたいと思います。

〈諦め〉という日本文化に着目した認知行動療法研究

1点目の文化の観点については、第2章・第3章で〈前向きな諦め〉という概念に着目してその重要性と心の健康との関係を明らかにしています。これに関して筆者が注目しているのはやはり〈諦め〉で、認知行動療法の技法の中のセルフモニタリングに焦点を当て、適応的諦観と心の健康の関係に焦点を当てた研究を行っています。日本の会社員を対象とした研究で、研究仮説は図4-

137

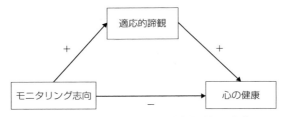

図4-5　心の健康における適応的諦観の意義

5のようになっています。ストレスのモニタリング志向が心の健康に対してポジティブな機能とネガティブな機能を同時に有していること，適応的諦観はネガティブな関連を弱め，ポジティブな関連を強めるという重要な役割を果たしていることが明らかになりました。この研究では認知行動療法の基礎的な技法であるセルフモニタリングがじつは心の健康に悪影響を及ぼす場合があり，セルフモニタリングを有効に活用するために適応的諦観が重要な役割を果たすことを論じています。将来的には，このような認知行動療法の日本での文化差を考慮した適用に関する基礎研究や応用研究が期待されます。

ICT という提供媒体に着目した認知行動療法研究

2点目の提供方法については，本書は第5章・第6章でスマートフォンによるセルフケア・アプリケーションという形でインターネット認知行動療法の実際とその効果について述べていきます。将来的にはウェブサイトやアプリケーションといった形だけでなく，インターネットの活用を前提にした上で，ICTを用いたメンタルヘルス支援が行われていくことになると予想されます。筆者はその中でも人工知能（Artificial Intelligence：以下，AI）に注目して研究を行っています。ガイドなしのインターネット認知行動療法と ECA（Embodied Conversational Agent）と呼ばれる電子的なエージェントを組みあわせたサービスを開発し，心の健康を高める機能があることを明らかにしました[37]。これは図4-6のようにエージェントと対話しながら認知行動療法にもとづいたセルフケアを行っていくものです。

メンタルヘルス領域における AI の活用はまだ始まったばかりですが，欧米

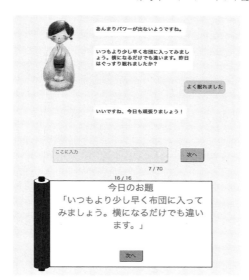

図4-6　エージェントとの対話例

ではすでに認知行動療法にもとづく全自動発言システムを用いた研究によりうつ症状を低下させる研究もあり[38]、今後大きな潮流になってくることが予想されます。我々が映画や小説でみるいわゆる「AI」や「人工知能」、つまり人間と同等の知能を持ち、機能するAIは汎用型のAIと呼ばれており、いまだ実現されていません。一方で特化型のAI、つまり目的が明確に決まっておりその目的を達成するためのAIは様々な領域で用いられ、これまでのコンピュータでは難しかったことが実現されるようになってきています。メンタルヘルス領域でAIを用いた研究はまだまだ数少ないですが、今後臨床実践の領域でも特化型のAIの活用と発展が少しずつ進んでくると考えられます。例えば、支援の核となる判断や介入は人間が行いつつ、情報提供や状態把握はAIを用いて効率的に行い、人間をサポートするといった形が考えられるでしょう。今後、様々な現場での試行錯誤を通して、人にしかできないこととAIでもできることの範囲が少しずつ明確になるにつれ、人間とAIが補い合う形でのよりよい支援のあり方が模索されていくことが期待されます。

第 5 章 〈前向きな諦め〉を促すセルフケア・アプリケーションの開発

　前章では，インターネット認知行動療法の現状と動向について触れ，日本文化にそくした認知行動療法実践を行っていく上で，核となるメカニズムとしての〈諦め〉と媒体としての ICT の活用の必要性について述べました。

　本章では，〈前向きな諦め〉についての研究成果にもとづき，〈前向きな諦め〉を促す支援について述べ，その実例としてのセルフケア・アプリケーションについて実際の内容を交えつつ紹介していきます。

1　〈前向きな諦め〉を促すプログラム設計

（1）〈前向きな諦め〉を促す支援の基本的視座

　〈前向きな諦め〉を促す支援とはどういったものかについて，第Ⅰ部の研究成果の考察も交えて述べていきます。

〈前向きな諦め〉を捉える視点

　まず，〈諦め〉は一般的にはネガティブなイメージを有しています。そのため，失恋や不本意入学，進路選択での挫折等々の何かしらの対象へのこだわりや未練で悩んでいる場合でも，何の説明もなくただたんに〈諦め〉を薦めることは誤解を招く可能性があるばかりか，当人にとって受け入れがたいと思われます。この場合「諦める」という言葉を使うことで逆に傷つけてしまうことにもなりかねません。そうではなく，〈前向きな諦め〉の本質的要素，「実現欲求低下」という「心理的諦め」に重点を置く必要があるでしょう。つまり，自らの元々の欲求の明確化とこれまでの欲求の低下という「心理的諦め」を第一に取り扱いつつ，その枠組みの中でより具体的な目標の明確化や取り組みといった「行

141

動的諦め」を促す，これが〈前向きな諦め〉を促す支援の基本原則になります。

　この基本原則はインタビューで得られた【望み】，【手段目標】，【達成目標】という〈諦めた内容〉のモデルを考えると理解しやすいと考えられます（第2章第1節）。その際のインタビューでは，現在もしくは以前の目標を諦められず，本人が精神的苦痛を感じているという語りが多くみられています。これは【望み】，【手段目標】，【達成目標】間の変化可能性が失われた場合とみることができるでしょう。ここから変化可能性を生み出し，精神的苦痛を軽減する援助にあたっては，【手段目標】と【達成目標】の基盤となる【望み】を振り返ることが重要です。なぜなら，【望み】は，抽象的なものであり，その具体化の仕方は様々です。そのため【手段目標】や【達成目標】を【望み】との関係の中で見直すことで，そこに新たな変化可能性を生み出すことが可能になるものと考えられます。加えて，【手段目標】や【達成目標】の基盤として，【望み】があるということは往々にして忘れられがちです。本来自分の【望み】が何であったかを見失い，【達成目標】の達成に固執してしまうという場合も数多くあります。そのため，精神的健康の向上という観点からは，一体自分は何がしたかったのか，という問いに表現されるように，自らの【望み】を振り返り，【達成目標】はもともとどういった【望み】にもとづいていたのかを明確にすることや，【望み】を明確にすることでより上位の【達成目標】を具体化することも重要になってきます。上位の【達成目標】が具体化することでそれまでの【達成目標】が【手段目標】へと移行するといったケースも考えられます。

認知的側面への支援

　このように，支援全体の枠組みとして〈前向きな諦め〉を用いることは非常に重要であると考えられます。一方で，〈諦め〉という言葉を直接用いた啓発や支援も考えられ，それには今回行った〈諦め〉観と過去の〈諦め〉体験への意味づけについての研究（第3章）が役立ちます。

　まず，〈諦め〉観と過去の〈諦め〉体験への意味づけの関係について簡単に整理しておきます。二つの認知的要素の内容にかなりの一貫性があったことは，関連性が強いことを示しています。これは尺度作成における項目が重複してい

第5章　〈前向きな諦め〉を促すセルフケア・アプリケーションの開発

たことが関係していることもありますが，過去の〈諦め〉体験への意味づけ尺度を作成する際に項目を追加していることも考えると，〈諦め〉観と過去の特定の〈諦め〉体験に対する意味づけがある程度地続きのものである可能性は高いといえます。すなわち，〈諦め〉が挫折や失敗であるという社会的な一定の意味づけを基盤として，特定の〈諦め〉という体験を経ることで，その過去の〈諦め〉体験への意味づけが形成され，それらを基に〈諦め〉観が形成されるものと考えられます。また，第3章の質問紙による研究では，〈諦め〉観および過去の〈諦め〉体験への意味づけはどちらも精神的健康と関連していたものの，その関連の度合いは〈諦め〉観の方が弱く，過去の〈諦め〉体験への意味づけの方が強くなっていました。このことを考慮すると，臨床的には，〈諦め〉に関連する悩みが軽い，あるいは悩む前の段階で予防的介入を行う場合には，諦めること一般に関する認知が介入のポイントになり，〈諦め〉に関連して悩みが大きい場合には，特定の〈諦め〉体験に対する意味づけが介入のポイントになると考えられます。

（2）〈諦め〉観に着目したプログラム案——心理教育での活用

　〈諦め〉観に着目したプログラム案について，第Ⅰ部の研究成果と考察にもとづいて述べていきます。第3章第1節で紹介した研究は健常群の大学生をサンプルとしたものです。それゆえ知見の臨床的応用としてはまず健常群のメンタルヘルス援助が考えられます。また，諦めること一般に関する認知と精神的健康との関連は弱いものでした。それゆえ，諦めること一般に関する認知については，1対1の面接場面でとくに焦点づけて扱っていくというよりも，心理教育のような対集団での応用が考えられます。心理教育とは，「生徒たち（または，クライエントと表現してもよい）に心理的なスキル（傾聴スキル，自己表現スキル，攻撃性対処スキルなどの対人関係スキル）を教授することに焦点を当てた教育フレームからの広い意味でのカウンセリングのアプローチ[1]」であり，予防的カウンセリング[2]の手段として用いられることも増えてきています。〈諦め〉に焦点を当てた心理教育の価値として，一般的にはネガティブな機能を有する

143

第Ⅱ部　〈前向きな諦め〉のためのインターネット認知行動療法

と考えられている〈諦め〉にもポジティブな側面があることを青年，とくに諦めること一般に関する認知と精神的健康との関連が高い女性に伝えることは重要でしょう。また，質問紙研究で見られた性差を考慮すると，男女で適切なプログラムが異なる可能性も示唆されます。たとえば，男性においては「挫折認知」を軽減させ，既存の秩序への復帰という形での働きかけを行うことが治療的に機能する一方で，女性においてはそれに加えて自己実現を模索する中で「有意味性認知」の強化（自己の物語の構築を促す）という働きかけが有効である可能性が考えられます。

　加えて，〈諦め〉という語や現象に関心がある人々が今回の研究で得られた知見について知ることで，〈諦め〉一般に関する考えが深まることが予想されます。そして，そのような〈諦め〉の精神的健康に対する機能の2面性（「有意味性認知」と「挫折認知」それぞれの心の健康への影響）を知ることは個々人の過去の，あるいは現在，未来の〈諦め〉に関する出来事への内省を促し，それらをより建設的に扱うことができることが期待されます。加えて，〈諦め〉という語を用いて心理教育を行う上での利点として，身近な概念であり自分に引き付けて考えやすいということがあります。従来，メンタルヘルスに関連する心理教育は「ストレス」や「アサーション」など心理学用語に関するものが一般的でしたが，日常語であるとともに心理学用語でもあるという〈諦め〉の利点を活用した心理教育が可能です。また，研究では，「有意味性認知」「挫折認知」の二つの因子得点の高低で四つの群に分け，精神的健康が異なる可能性について考察しました。このような各認知の特徴や機能について説明した後で，自分がどの群に属して，その群にはどういった傾向があるのかについて説明することも有効だと思われます。

（3）過去の〈諦め〉体験への意味づけに着目したプログラム案
——心理面接での活用

　過去の〈諦め〉体験への意味づけに関する研究からは青年の3人に2人程度が自分にとって人生上重要な〈諦め〉体験を経験していることが明らかになり

第5章　〈前向きな諦め〉を促すセルフケア・アプリケーションの開発

ました（第3章第2節参照）。そのような体験で過去に悩んだり，あるいは現在もそのことで心理的苦痛を抱えていたりする人々も一定数いることが予想されます。〈諦め〉に関連した心理的苦痛・苦悩がある場合には，第3章第2節で作成した尺度を用いて，過去の〈諦め〉体験への意味づけを測定し，臨床支援に繋げることも可能になります。

　介入に当たっては，過去の〈諦め〉体験への意味づけと精神的健康との関連の強さから，過去の〈諦め〉体験への意味づけに介入する重要性が示唆されます。そのため過去の〈諦め〉体験への意味づけを，直接検討することが有用でしょう。その際，「経験」から「意味」，「意味」から「行為」へ，そして「行為」から「経験」へと循環するストーリーの存在を重視するナラティブ・アプローチの観点からみると，今回得られた過去の〈諦め〉体験への意味づけの人による違いは，その体験に関するストーリーの違いということができます。や(3)まだはナラティブ・アプローチの観点から，喪失によって人が抑うつ的になり自暴自棄になることもある一方で，喪失を生成に変換するプロセスにおいて，生きる力が生み出されると述べ，喪失の積極的意義を指摘しています。また，ネガティブな経験の主な意味づけ方の4タイプとして，「苦悩継続型」（過去・現在・未来にわたってネガティブな経験から否定的な影響を受け続ける），「未来希望型」（過去と現在において否定的な影響を受けているが，未来においては乗り越えていきたい），「忘却楽観型」（過去においては否定的な影響を受けていたが現在においては何の影響も受けていない，あるいは現在も否定的な影響を受けているが未来においては何の影響も受けなくなるだろう），「成長確認型」（過去においては否定的な影響を受けていたが，現在においてはネガティブな経験が自分を成長させてくれたと感じ，未来においても自分にとって大事なものであり続けるだろう），と区別し，ネガティブな経験が成長の機会として位置づけられる場合があることを指摘する研究もあります。これらの研究からは，たとえネガティブな経験であっ(4)ても人によってその認知や意味づけが異なること，またその認知や意味づけと対応して，経験が精神的健康に与える影響も異なることが示唆され，〈諦め〉というネガティブな経験の意味が人によって異なる，また〈諦め〉が建設的に

145

第Ⅱ部　〈前向きな諦め〉のためのインターネット認知行動療法

機能しうるという本書の研究で得られた知見と一致しています。

　過去の〈諦め〉体験への意味づけに対する介入が必要な場合には，対象者は精神的な不調に陥っている可能性が高いでしょう。それゆえ，まずは対面での面接中で，〈諦め〉に関連した出来事について傾聴しつつ，介入を行っていく必要があります。作成した尺度に回答してもらうことで，各意味づけの高低について把握することができ，クライエントも自分の〈諦め〉体験に対する意味づけへの理解を深めることが可能になります。介入においては，過去の体験に対する経緯や気持ちを整理しつつ，状況に応じて意味づけを扱っていくことになります。その際，クライエントにとって押しつけにならない範囲で「有意味性認知」を高め，「挫折認知」を低めていく介入を行うことが必要でしょう。また，「挫折認知」を「逃げ認知」に移行させるように介入していくことも有効であると考えられます。ネガティブな認知は一つではないと示されたことの意味は大きく，「逃げ認知」は「挫折認知」との相関が高いことから「挫折認知」から「逃げ認知」へと意味づけが変化していく，あるいはその逆の変化が起こりうる可能性もあります。一方で，青年期において「逃げ認知」は「挫折認知」と比べて精神的健康との関連が弱く，ネガティブでありながら非適応的ではない自己防衛的な機能を有する認知として活用できる可能性があります。

　過去の〈諦め〉体験への意味づけに直接介入することに加え，第3章第2節で出てきたような，過去の〈諦め〉体験に関連した経験について心理教育をしたり，セラピストの側が環境調整をすることも臨床的に役立つでしょう。しかしながら，そういった経験を提供することが困難な場合がある可能性があります。そのような場合にも，あるいはそのような場合でなくても，時間的展望に焦点を当てた介入を行うことが有用であることも同時に明らかになりました。時間的展望とは「個人の現在の事態や行動を過去や未来の事象と関係づけたり，意味づけたりする意識的な働き」とされ，サークルテストやタイムマシン・クエスチョン，展望地図の作成などによる介入が試みられています。このような過去や未来に対する見通し，とくに過去受容は，〈諦め〉の有するプロセス的な要素と深く関連していると考えられます。

146

第5章 〈前向きな諦め〉を促すセルフケア・アプリケーションの開発

2 〈前向きな諦め〉を促す
セルフケア・アプリケーションの開発

　本節では，〈前向きな諦め〉を促す支援の一例として〈前向きな諦め〉を促すセルフケア・アプリケーションとその開発過程について紹介します。

（1）アプリケーションの開発過程
サービス対象者の選定

　まずはじめに，サービス対象者の選定を行いました。第Ⅰ部の研究で得られた知見はすべて健常群を対象としたものであり，臨床群を対象としたものではありません。また，インターネット認知行動療法は対面での面接と比べて多くの人々の利用が可能となる一方で，利用する人が多ければ多いほど，個々の利用者のメンタルヘルス状態の精査や危機介入が難しくなることが予想されます。そのため，まずは健常群を対象としたアプリケーションを開発し，効果研究を行うことでその有用性を判断することとしました。そのため，本アプリケーションの対象者は一般群としてとくに限定しないこととし，気軽に自身の〈諦め〉やメンタルヘルスの問題に取り組んでもらうことを目的としています。また，倫理的観点から，利用の際には個人情報の詳細を登録する必要はなく，年齢と性別を問うのみとしました。

動機づけへの対応

　次に，第4章第2節でも述べたアプリケーションを利用してもらう際のモチベーションの問題について検討しました。ドロップ率の高さは，インターネット認知行動療法の課題の一つであり，それへの対抗策として，既存のインターネット認知行動療法においても援助者によるサポートだけでなく，コミックやビデオ，キャラクターといった利用者の動機づけを高める装置が存在することが指摘されています。[7]前述したようにこういったゲーム以外のサービスや活動の中にゲームの要素を取り入れるアプローチは「ゲーミフィケーション」と呼

147

ばれ，近年さかんになっているアプローチです。そこで，今回のICTを用いた「諦め」アプリケーションの開発に当たっても，モチベーション面からの工夫としてゲーム性を活用することとし，ゲーミフィケーションの観点から工夫を盛り込みました。

〈諦め〉というコンセプトの表現

　さらに，開発に当たって〈諦め〉というコンセプトをアプリケーションという形でどう表現するかについて検討しました。議論を重ねる中で，これまでの研究で〈諦め〉と時間的展望との関連が強いことが示されていることから時間的展望の観点を考慮し，ストーリー体験型のアプリケーションとすることとしました。利用者はゲームとしてストーリーを体験する中で様々な〈諦め〉に遭遇し，その中で選択をすることでその後の展開が変化していくという形態をとっています。そして，人生における様々な〈諦め〉とその結果を疑似的に体験することで，誰しもが体験する〈諦め〉という現象と気軽に向き合えるアプリケーションにすることを核となるコンセプトとしました。そして，そのコンセプトにもとづき，本アプリケーションの目的は，人生における多様な〈諦め〉を体験し様々な観点から〈諦め〉について検討することで，〈諦め〉を多面的に理解することとしました。また，アプリの効果として，多様な〈諦め〉と，〈諦め〉後に訪れる必ずしも否定的でない展開を繰り返し疑似的に体験することで，〈諦め〉に関連する認知を柔軟にし，時間的展望を広げ，結果的に精神的健康に寄与することを想定しました。

構造の確定と実装

　上記のコンセプトをもとに，実際のアプリケーション開発をソフトウェア開発会社に依頼しました。開発に当たってはソフトウェア開発会社による実装と会議による検討を繰り返し，細部まで吟味を行っています。名称については，ゲームという観点から意外性を持った「あきらめたまご」としました。なお，利用可能機器はiPhoneおよびiPadです。

　開発の結果，ストーリーを読みながら人生における様々な〈諦め〉選択を行い，その結果を疑似的に体験することで，誰しもが体験する〈諦め〉という現

第5章 〈前向きな諦め〉を促すセルフケア・アプリケーションの開発

象と向き合う分岐型ノベルゲームとなりました。いずれのストーリーにおいても，〈諦め〉に関連した選択の結果が，予想外の将来展開につながるよう工夫しています。

　アプリケーション全体の構造としては，効果研究を見据え，①アンケート回答（あきらめ性格診断），②ストーリー体験（あきらめストーリー体験），③アンケート回答（①と同様），を基本的な利用の順序としています。ゲームの説明と〈諦め〉についてのアンケート回答がまず初めにあり，次に四つの〈諦め〉に関係したストーリーの体験（ゲームプレイ），最後に，最初と同様のアンケート回答とフィードバックを行う構造です。

（2）アプリケーションの実際

　スマートフォンアプリケーションという媒体でどういった体験がなされるか，なかなかイメージしにくいと思いますので，実際のスマートフォン画面を示します（図5-1）。次項で〈諦め〉についてのアンケート回答，次々項で四つの〈諦め〉に関係したストーリー体験のうち一つがプレイできるようになっています。

　なお，アプリケーション関連の画像やテキストは全て iOS デバイス向けのアプリケーションである「あきらめたまご」（https://itunes.apple.com/jp/app/あきらめたまご2/id1151440041?mt=8）から抜粋したものです。

（3）あきらめ性格診断

　あきらめ性格診断は，〈諦め〉観を測定し，自身の〈諦め〉観の特徴についての理解を深めることを目的に作成しています。また，あきらめ性格診断で得られたデータを用いて，〈諦め〉観がゲームの前後で変化するかという本アプリの効果の測定も行なっています。性格診断の項目は，諦めること一般に関する認知尺度の，「有意味性認知」「挫折認知」のそれぞれから表現の多様性を考えて抽出した6項目，計12項目であり，ランダムな順序で表示します。なお，単純に尺度に回答してもらうだけでなく，アンケートに1項目回答するごとにイラストが変化するようにデザイン面でも工夫を行なっています。

149

①タイトル画面
スタートをクリックしてチュートリアル，あきらめ性格診断，諦めストーリー体験と進む。

②性格診断の質問画面（例）
12項目の質問に回答してもらう。長さを感じさせないための工夫として，1項目進むたびに下のニワトリが餌を食べる動きをいれている。

③性格診断結果（例）
性格診断への回答により，四つの型のどれに当てはまるかが判定され，解説が表示される。

④夢ストーリーの画面例
画面をタップする形でストーリーが進む。

⑤夢ストーリーの選択肢例
どのストーリーも四つの選択肢から一つを選択することで進行していく。

⑥夢ストーリーの最終場面
選択に応じて様々な〈諦め〉ストーリーが展開する。

⑦各ストーリーの画面例
恋愛ストーリー，進路ストーリー，仕事ストーリーの最初の画面。

図5-1　アプリケーション画面の実際

150

第5章　〈前向きな諦め〉を促すセルフケア・アプリケーションの開発

表5-1　「あきらめ性格」の四つの型

	「有意味性認知」の値	「挫折認知」の値	
スクランブルエッグ型	高	高	「諦める」ことを肯定的にも否定的にも考えるアンビバレントなタイプ 諦めを挫折と捉えつつも，新たな挑戦も志向し続ける野望系
創作料理型	高	低	挫折や失敗に暖かく，諦めることを肯定的に考えるタイプ 諦めは新しい世界への扉であると捉え，うまく活用できる悟り系
なまたまご型	低	低	「諦める」ことについてあまり深く考えないタイプ これまで諦めるという経験が少ないおぼっちゃま系
ゆでたまご型	低	高	挫折や失敗に厳しく，諦めることを否定的に考えるタイプ 諦めることのないよう，ひたすら頑張り続ける体育会系

　回答結果により，自身の〈諦め〉観が四つの型のいずれかで表示されます（表5-1）。〈諦め〉観の研究成果にもとづき，「有意味性認知」の高低，「挫折認知」の高低で4群に分け，利用者の「あきらめ性格」としてイラスト・説明とともに提示することで，モチベーション面での工夫を行っています。

　図5-2であきらめ性格診断の質問紙に答え，図5-3にあるロジックで自分の「あきらめ性格」を調べてみてください。なお，実際のアプリケーションでは，図5-1の②のような画面で1項目ずつ質問が行われ，12項目の質問に回答すると，③のような診断結果の画面が表示されます。

（4）あきらめストーリー体験

　ストーリーについては性別と発達段階による〈諦め〉の異なりを考慮し，①青年期男性の夢に関する〈諦め〉，②高校生男性の進路に関する〈諦め〉，③女子大学生の恋愛に関する〈諦め〉，④成人期男性の仕事に関する〈諦め〉の四

第Ⅱ部 〈前向きな諦め〉のためのインターネット認知行動療法

		全くそう思わない	あまりそう思わない	どちらともいえない	そう思う	非常にそう思う
1	諦めることは，前に進むための一時的なプロセスである	−2	−1	0	1	2
2	諦めるとは，今の自分をありのままに認める事である	−2	−1	0	1	2
3	諦めることは，自分に負ける事である	−2	−1	0	1	2
4	諦めることで，物事を新たな視点で見ることができる	−2	−1	0	1	2
5	諦めることは，自分にとって達成が困難な事から逃げる事である	−2	−1	0	1	2
6	諦めることは，惨めな体験である	−2	−1	0	1	2
7	諦めることで，自分が次に進むことができる	−2	−1	0	1	2
8	諦めるとは，自分が失敗したという事である	−2	−1	0	1	2
9	諦めることは，しんどい事から逃げる事である	−2	−1	0	1	2
10	諦めることで，自分の他の可能性が明らかになる	−2	−1	0	1	2
11	諦めることは，自分が納得いく人生を送るために必要な事である	−2	−1	0	1	2
12	諦めることは，人生における挫折である	−2	−1	0	1	2

A得点：1,2,4,7,10,11の合計点　　| A得点 | | 点 |

B得点：3,5,6,8,9,12の合計点　　| B得点 | | 点 |

図5-2 「あきらめ性格」の実際

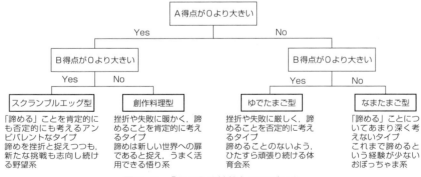

図5-3 「あきらめ性格」のロジック

152

第5章 〈前向きな諦め〉を促すセルフケア・アプリケーションの開発

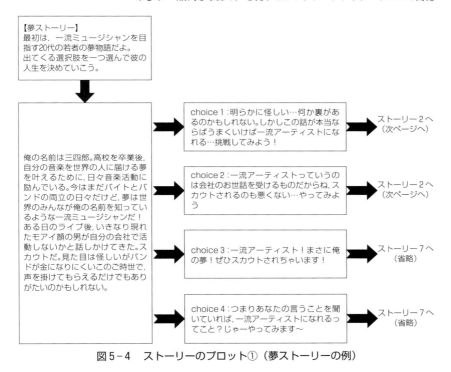

図5-4　ストーリーのプロット①（夢ストーリーの例）

つをストーリーとして組み込んでいます。ストーリーの中で利用者が選択をすることでストーリーに変化が生まれ，それと同時にキャラクター（主人公）の〈諦め〉に対する考え方が変化するという形でのインタラクションを盛り込みました。なおこの際，選択肢は「あきらめ性格診断」における四つの性格に依拠するようになっており，選択することで有意味性認知・挫折認知それぞれのパラメーターが変化し，それによって物語が分岐することを狙っています。また，あるストーリーをクリアすると，別のストーリーで以前プレイしたキャラクターが〈諦め〉について語るなど，〈諦め〉について様々な観点から検討できるようなストーリーの重層性を盛り込みました。図5-6の後日談がそれに当たります。図5-4，図5-5，図5-6に夢ストーリーの例を示しますので実際にプレイしている気持ちで選択肢を選んでみてください。

第Ⅱ部 〈前向きな諦め〉のためのインターネット認知行動療法

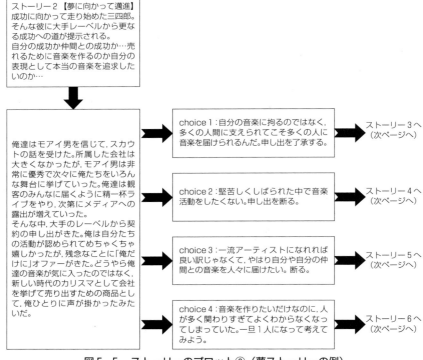

図5-5　ストーリーのプロット②（夢ストーリーの例）

第5章 〈前向きな諦め〉を促すセルフケア・アプリケーションの開発

ストーリー3【成功して一流ミュージシャン】 あれから20年…俺は今ワールドツアーの真っ最中だ。いろいろ大変なこともあったが、諦めずに自分の音楽を続けてきたことが成功の秘訣なんだと思う。 みんなも諦めずに夢に向かって全力でがんばってくれ！	→	後日談：一流ミュージシャンになってワールドツアーもやった。最初は思い思いに作曲して、それで売れていた。けれど最近はファンの望む曲を作り続けている。もし俺の曲が売れなかったら、関わっている会社，スタッフ，そしてその家族，みんなに迷惑がかかってしまうんだ。なんてプレッシャーなんだ！！少しビッグになりすぎてしまったみたいだ…純粋に音楽を楽しんでいたあの頃に戻りたい！
ストーリー4【音楽と向かい合って】 音楽への気持ちを再確認した自分，改めてインディーズデビューまで何とかこぎつけたが，成功なんて夢のまた夢だった。しかし，今は音楽教室を開いて予供たちと音楽に囲まれた暮らしをしている。 振り返ればあの時，音楽に取り組んだ努力は無駄じゃなかった。がんばったことは，目指していたものとは違う形で花開くのかもしれない。	→	後日談：音楽教室を初めてから10年。今年の生徒を最後に教室を閉めることにしたよ。実は近所に大手の音楽教室が開講してね，子どもたちは皆そっちへ行ってしまったんだ。まだまだ音楽の仕事に関わり続けたいけど，作曲などもう何年もやってないし，ライブをやったところで何人集まるだろう。 なんだか寂しくなってしまったなぁ。
ストーリー5【今もまだ夢を追いかけて】 あれから15年…結局，バンド活動を続けていた仲間もみんなやめてしまった。しかし，俺の音楽への情熱は今も消えてない。 今もバイトをしながら，作曲活動や楽器の練習は続けている。継続こそが力なり。 まだまだ，自分の夢を諦めるわけにはいかないんだ…	→	後日談：あれからも音楽活動とバイトの両立がずっと続いたよ。 けれどある時レコード会社のお偉いさんに気に入られて，手厚いプロモーションとともにデビュー出来たんだ。40代でデビューだなんてとても運が良かったのかな。そして先日，ずっと憧れていた音楽番組「君らの音楽」に出演出来たんだ。 最高に幸せだよ！
ストーリー6【世界放浪をして…】 あれから世界を放浪し，ひとりで自分がやりたい音楽を考えていた。 ある時たどり着いたイースター島で，突然素晴らしい音楽が天から降ってきたんだ。その曲を忘れないように書き留めようと，近くにあったモアイに書いただけなんだ。 俺は悪くない，ここから出してくれー！	→	後日談：モアイに落書きをして5年，やっと釈放された。その日刑務所の門を抜けると，目の前に三四郎コールをする人だかりがあったんだ。モアイ落書き事件で世界的に有名になった俺の曲は，知らない間に沢山の人を魅了していた。しかもすでにライブの日程も決まっているらしい。俺はこれから，モアイに書いた曲と刑務所で書きためた曲たちを引っさげて，刑務所越しの夢を叶えるんだ！

図5-6　ストーリーのプロット③（夢ストーリーの例）

155

第 6 章 〈前向きな諦め〉を促すセルフケア・アプリケーションの実践

　前章では，〈前向きな諦め〉のための支援について述べ，スマートフォン上での実際の画面を紹介しながら，〈前向きな諦め〉を促すセルフケア・アプリケーションを紹介しました。

　前章では，〈前向きな諦め〉を促すセルフケア・アプリケーションの有効性についての研究結果を報告するとともに，制作した e-learning 教材を紹介します。その後，スマートフォンという媒体を用いたインターネット認知行動療法について考察します。

1 アプリケーションの効果検証

（1）効果研究の概要

　インターネット調査会社に依頼し，アプリ利用群250名（平均年齢36.98歳，標準偏差7.62，男女同数），統制群150名（平均年齢34.55歳，標準偏差8.26，男女同数）へ調査を行いました。アプリ利用群には，2週間の期間中，少なくとも2回以上四つのストーリーを完了させてもらっています。効果測定の指標として諦めること一般に関する認知，時間的展望，ポジティブな精神的健康の三つを用いました。

　諦めること一般に関する認知（〈諦め〉観）については量的データと質的データを用いています。量的データについては，アプリ利用群ではアプリ内の「あきらめ性格診断」の中で回答した最初のデータと最後のデータを用いました。なお，前述のように調査会社への最終的な回答者は250名ですが，初回に利用し，データ送信まで行なったのは732名でした。そのため，「〈諦め〉観の量的

157

第Ⅱ部　〈前向きな諦め〉のためのインターネット認知行動療法

な変化」の項でのみ調査期間中にデータを送信した732名分の「あきらめ性格診断」データを利用群のデータとして用いています。統制群については，調査実施前と実施後に諦めること一般に関する認知尺度に回答を求めました。「あきらめ性格診断」では，前述したように「諦めること一般に関する認知尺度」のうち，「有意味性認知」「挫折認知」のそれぞれの6項目ずつをランダムに構成し，回答を求めています。そのため，統制群においても諦めること一般に関する認知尺度の同様の項目を抽出してデータ分析に用いました。また，質的データについてはアプリ利用群に対して，実施前と実施後に「「諦める」についてあなたが考えるとき，どんなことが思い浮かびますか。思いつくものから順に5つまで，なんでも自由にお答えください」と自由記述形式の回答を求めたデータを用いました。

　時間的展望とポジティブな精神的健康については，以下の二つの尺度について調査実施前と実施後に回答を求めました。

　①時間的展望尺度[(1)]：信頼性・妥当性が確認されている時間的展望尺度18項目を用いました。「現在の充実感」「目標指向性」「過去受容」「希望」の四つの因子から構成されています（第3章第2節参照）。

　②WHO-5精神的健康状態表[(2)]：ここ2週間の精神的健康を測定する5項目の尺度です。The WHO-Five Well-being Index（http://www.psykiatri-regionh.dk/who5/menu/）に公開されています。

（2）〈諦め〉観の量的な変化に関する検討

　〈諦め〉観の量的な変化については，諦めること一般に関する認知尺度のうち，表現の多様性を考えて抽出した12項目（「有意味性認知」「挫折認知」それぞれの6項目）を用いています。そのため，念のため分析前に，利用群・統制群における各尺度のα係数を求めました。その結

表6-1　〈諦め〉観の各群におけるα係数

		実施前	実施後
有意味性認知	利用群	.83	.82
	統制群	.82	.88
挫折認知	利用群	.89	.91
	統制群	.87	.90

第6章 〈前向きな諦め〉を促すセルフケア・アプリケーションの実践

表6-2 〈諦め〉観の得点変化の t 検定の結果

		実施前		実施後	t
有意味性認知	利用群	20.67 (4.17)	<	22.05 (3.65)	−10.94***
	統制群	19.52 (3.68)	≒	19.45 (4.21)	.24
挫折認知	利用群	18.87 (5.20)	>	17.12 (5.38)	11.91***
	統制群	17.91 (4.83)	≒	18.09 (5.02)	−.64

（注）　***　$p < .001$。かっこ内は標準偏差。

果，表6-1のようになり，効果測定の指標として用いて問題ないものと考え
ました。

　次に，諦めること一般に関する認知尺度の各下位因子の実施前／実施後得点
について対応のある t 検定を行ったところ，有意味性認知得点についてはアプ
リ利用群において実施後が有意に高く（$t(731) = -10.94$, $p < .001$），挫折認
知得点についてはアプリ利用群において実施後が有意に低いという結果になり
ました（$t(731) = 11.91$, $p < .001$）。統制群においては，有意差が見られませ
んでした（表6-2）。

　ここから，今回開発したセルフケア・アプリケーションが，有意味性認知得
点を高め，挫折認知得点を低めるものであることがわかります。

　また，そのような効果がどういったプロセスで行われているかを性格診断の
類型から分析しました。図6-1はアプリ内部のデータを分析し，初回利用時
における実施前の性格診断結果と実施後の性格診断結果をグラフにまとめたも
のです。

　これを見ると，スクランブルエッグ型は9割方スクランブルエッグのままで
すが，創作料理型，なまたまご型，ゆでたまご型は半分～3分の2程度が他の
型に変化しており，認知的変化が生じやすいことがわかります。

159

第Ⅱ部　〈前向きな諦め〉のためのインターネット認知行動療法

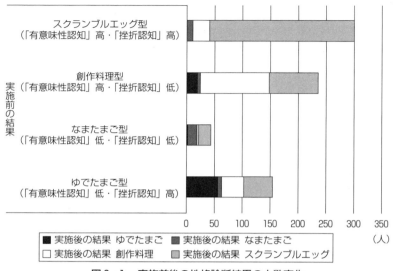

図6-1　実施前後の性格診断結果の人数変化

（3）〈諦め〉観の質的な変化に関する検討

　自由記述形式で得られたデータに関しては，KJ法(3)を用いて分析を行いました。「諦めること一般に関する認知尺度」の有意味性認知と挫折認知の項目を参考に，「有意味性認知」「挫折認知」「どちらでもない」という三つのカテゴリに分類を行いました。なお，この作業は筆者を含む臨床心理士2名で行なっています。

　有意味性認知カテゴリの記載例としては，「挑戦」「次のステップ」「再出発」「受容」，挫折認知カテゴリの記載例としては，「失敗」「悲しい」「ギブアップ」「何かから逃げる」がありました。それぞれのカテゴリにおける実施前と実施後の回答数に関してカイ二乗検定を実施したところ，有意差が見られ，いずれも実施後に回答数が増加していました（表6-3）。なお，効果量を算出したところ，有意味性認知において $\omega = .52$，挫折認知において $\omega = .40$ でした。

　質的なデータからも，今回開発したセルフケア・アプリケーションが，全体として多様な〈諦め〉観を促すものであること，また有意味性認知という〈諦

第6章　〈前向きな諦め〉を促すセルフケア・アプリケーションの実践

表6-3　〈諦め〉観の質的な変化に関する
カイ二乗検定の結果

		実施前	実施後	χ^2	p
有意味性認知	利用群	45	153	67.40	.000
挫折認知	利用群	130	252	38.96	.000

め〉のポジティブな側面に目を向けるきっかけとなっていることがわかります。

（4）精神的健康および時間的展望に対する影響の検討

　次に，利用群・統制群における WHO-5 および時間的展望尺度の各下位因子の実施前／実施後得点について対応のある t 検定を行ったところ，WHO-5 得点について，アプリ利用群においては実施後が実施前より有意に高いという結果が得られました（t (249) $= -5.13$, $p<.01$）。一方で，統制群においては実施後と実施前において有意差がみられませんでした（t (149) $= -.87$, $n.s.$）（図6-2）。そこで，WHO-5 得点の変化量について対応のない t 検定を用いて検討したところ，「アプリ利用群」の変化量が「統制群」の変化量に比べて有意に高くなっていました（t (398) $= -2.703$, $p<.01$）。時間的展望の下位因子「現在の充実感」，「目標指向性」，「過去受容」，「希望」については，アプリ利用群においても統制群においても，実施前／実施後得点には有意差がみられませんでした。

　WHO-5 について，統制群では実施前後の精神的健康得点に有意差がみられなかった一方で，アプリ利用群においては実施前後で精神的健康得点が有意に向上しており，開発したアプリケーションの精神的健康に対する有効性が示されています。一方で，時間的展望についてはアプリ利用群においても統制群においても有意差がみられないという結果になりました。しかしながら，アプリ利用群においては全ての下位項目で有意ではなかったものの数値の上昇がみられており，今回の結果には2週間という期間の短さが関係している可能性もあります。今後，調査におけるアプリの利用回数を増やす，調査期間を長くするなどにより本アプリケーションの時間的展望に対する機能について精査してい

第Ⅱ部 〈前向きな諦め〉のためのインターネット認知行動療法

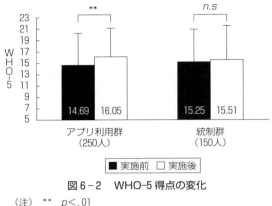

図6-2 WHO-5得点の変化

(注) ** p<.01

く必要があります。

(5) アプリケーションの発展

効果研究の結果を受けて，アプリケーションの質を高める改修を行いました。主な変更点は①ユーザーインターフェイスの向上，②データ連携の2点です。

ユーザーインターフェイスの向上については，既存のコンテンツを発展させ，性別と発達段階に応じたストーリーを体験するというコンセプトをよりわかりやすく明示するようにしました。より具体的には，ユーザーの性別と年代に合わせてストーリー導入時の文言を変更しています。これにより，体験される〈諦め〉ストーリーを過去・現在・未来といった時間軸の中に位置づけ，その時々における人生の選択を自身の人生とリンクさせて擬似的に体験することで，諦めることについて体験的に学ぶというコンセプトがより明確になりました。図6-3のようなイラストやテキストの追加によりわかりやすい説明を加えるだけでなく，ストーリーの進行画面で色を変えることで，アプリケーションならではの機能を生かし，質を高める形で改修しました。また，性格診断の結果を表示する得点計算のロジックの変更など，細かい調整も加えています。

データ連携については，これまでは全てのストーリーの体験後にメールを送

る形でした。しかし，これはプレイ後にいちいち送信してもらわねばならず，ユーザーの負担になっていたと考えられます。そのため，開発会社と協力して，随時データを取得できるようにしました。取得できるデータとその例は表6-4の通りです。

これにより，アプリケーションの利用履歴に関する統計的なデータを取得・分析しやすくなります。今後時間が経過し，アプリーションの利用人数が増えれば，大量のデータを用いて〈諦め〉についての心理学的なデータを分析することが可能になります。アプリケーションが公開されている限りは使用人数が増えることが期待されますので，大量のデータを用いて研究することができます。

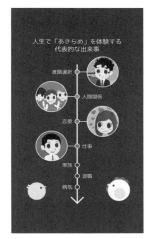

図6-3 〈諦め〉を過去・現在・未来に位置付ける

2 〈前向きな諦め〉を促すセルフケア・アプリケーションのための e-learning 教材

(1) e-learning 教材の必要性と実際

前節でみられたように，今回開発した〈前向きな諦め〉を促すセルフケア・アプリケーションは心の健康に対して効果があることが明らかになりました。

一方で，今回のようなスマートフォンやタブレットを用いたアプリケーションは，利用時に画面が小さく，同じコンテンツであってもパソコンの利用とは体験のされ方が異なるということがあります。そのため，多くの内容を盛り込むと煩雑になり，モチベーションを下げることになりかねません。また，今回開発したアプリケーションは利用時に必ずしもデータ通信を行う必要はないというメリットがあるものの，利用できる OS やスマートフォン等の種類に制限があります。インターネットを用いた臨床心理学支援といっても，一つの提供

163

第Ⅱ部 〈前向きな諦め〉のためのインターネット認知行動療法

表6-4 取得データ項目一覧（内容は一例）

No.	項目名		例
1	ユーザー ID		6E958E0C-2085-49F6-8680-D80018F46893
2	年代		30代
3	性別		男性
4	プレイ開始時期		2017/1/19　20：54
5	プレイモード		通し
6	初期性格診断時刻		2017/1/19　20：52
7	初期性格診断問答		1，1，1，1，1，1，1，1，1，1，1，1
8	初期性格診断ポイント		12，12
9	初期性格診断結果		スクランブルエッグ
10	夢ストーリー1	時刻	2017/1/19　20：54
11	夢ストーリー1	ルート ID	dream_branch1
12	夢ストーリー1	選択肢 ID	dream_branch1_choice4
13	夢ストーリー2	時刻	2017/1/19　20：54
14	夢ストーリー2	ルート ID	dream_branch2B_2
15	夢ストーリー2	選択肢 ID	dream_branch2B_2_choice4
16	夢ストーリー3	時刻	2017/1/19　20：54
17	夢ストーリー3	ルート ID	dream_branch3B
18	恋愛ストーリー1	時刻	2017/1/22　8：18
19	恋愛ストーリー1	ルート ID	love_branch1
20	恋愛ストーリー1	選択肢 ID	love_branch1_choice4
21	恋愛ストーリー2	時刻	2017/1/22　8：20
22	恋愛ストーリー2	ルート ID	love_branch2A_2
23	恋愛ストーリー2	選択肢 ID	love_branch2A_2_choice1
24	恋愛ストーリー3	時刻	2017/1/22　8：20
25	恋愛ストーリー3	ルート ID	love_branch3D
26	高校生ストーリー1	時刻	2017/1/22　8：20
27	高校生ストーリー1	ルート ID	student_branch1
28	高校生ストーリー1	選択肢 ID	student_branch1_choice1
29	高校生ストーリー2	時刻	2017/1/22　8：21
30	高校生ストーリー2	ルート ID	student_branch2A_1
31	高校生ストーリー2	選択肢 ID	student_branch2A_1_choice3
32	高校生ストーリー3	時刻	2017/1/22　8：21
33	高校生ストーリー3	ルート ID	student_branch3C
34	仕事ストーリー1	時刻	2017/1/22　8：21
35	仕事ストーリー1	ルート ID	work_branch1
36	仕事ストーリー1	選択肢 ID	work_branch1_choice2
37	仕事ストーリー2	時刻	2017/1/22　8：21
38	仕事ストーリー2	ルート ID	work_branch2B_2
39	仕事ストーリー2	選択肢 ID	work_branch2B_2_choice1
40	仕事ストーリー3	時刻	2017/1/22　8：21
41	仕事ストーリー3	ルート ID	work_branch3C

42	性格診断時刻	2017/1/22　8：21
43	性格診断時刻回答	2，1，1，5，3，3，5，1，4，2，2，3
44	性格診断ポイント	3，1
45	性格診断結果	スクランブルエッグ
46	邂逅イベント時刻	2017/1/22　8：20
47	邂逅イベントID	future_event_dream_B
48	コメント	これはよかった。

媒体にこだわるのではなく，それぞれの提供媒体に即した支援方法を一つひとつ考えていくことが必要だと考えられます。

　そのような問題意識から，〈前向きな諦め〉を促すセルフケア・アプリケーションのための e-learning 教材を開発しています。これはパソコン上での表示に最適化されており，用途としては二つ考えられます。一つ目は，〈前向きな諦め〉を促すセルフケア・アプリケーションを利用する前の導入として用いるための教材です。二つ目は，〈前向きな諦め〉を促すセルフケア・アプリケーションを利用した後，〈前向きな諦め〉についてより深く学ぶための教材です。どちらも，個人で学ぶこともできますし，支援者が説明するのに使用することもできます。

　今回開発した e-learning 教材は図6-4，図6-5のようになっています。

（2）スマートフォンやタブレットを用いたインターネット認知行動療法の意義と課題

　今回の研究では，スマートフォンやタブレットを用いたインターネット認知行動療法の一例として，〈諦め〉に焦点を当てたセルフケア・アプリケーションの開発と効果の検討を行いました。〈諦め〉に焦点を当てた臨床心理学的支援方法の一つとして，スマートフォンやタブレット用のアプリケーションという形での支援が有効であることが明らかになりました。

　ICT 技術によって動機づけを維持する工夫のポイントとして，「ユーザービリティ」「ゲーミフィケーション」「インタラクション」などが指摘されており[4]，今回の開発においても盛り込まれています。こういった技術を用いることでイ

1. 諦めたことってありますか？

このセッションでは、《諦め力》について考えていきましょう。

あなたはこれまでの人生で何かを諦めたことはありますか？

欲しい服を買うのを諦めるといった日常のことから、第一志望の大学への進学を諦めるといった人生に関わることまで、諦めることは様々な出来事の中で体験されます。

諦めるのはつらいですよね・・・

家族

職業選択

退職

恋愛

人間関係

病気

諦めることが体験される出来事の例

＊諦めることにはどういう種類があるのでしょうか？

・・・諦めることの種類は大きさと時間によって分類できます

●大きさ：「諦める」には日常生活で多々体験される小さな「諦める」から人生の分岐点で体験される大きな「諦める」まであります。例えば、小さなものであれば友達と遊びに行くのを「諦める」、大きなものであれば今の会社でずっと働いて行くのを「諦める」など。

●時間：子ども・青年・大人・老人など、人生の様々な時期に応じて体験される「諦める」は違います。例えば子どもであればゲーム機を買ってもらうのを「諦める」、大人であれば夢だったミュージシャンになるのを「諦める」など。

諦めることは多くの場合、つらい、苦しい出来事です。その時だけでなく、後々まで未練という形で苦しむことも多々あるでしょう。中にはそのことを悔やんだり、自分を責めたり、嫌いになってしまったりする人もいます。

　もし諦めることなく人生を送ることができれば、どんなにいいでしょうか。しかしながら多くの人は夢や希望、目標や理想を諦めるといった体験を、生きていく上で少なくとも一度は体験することになります。つまり、生きることと諦めることは切っても切れない関係にあります。

「諦める」って
生きること？

　諦めることはつらい・苦しい一方で、自分のことを理解したり、受け入れたりといったプラスの機会になることも知られています。諦めることを体験する時期は、後から振り返ってみると成長や発見の時期であることも多いのです。

　このような捉え方は仏教ではとても一般的なものです。仏教学者の一郷正道先生によれば、「諦める」の本来の意味は「つまびらかにする」「明らかにする」であり、漢語の「諦」は、梵語のsatya (サトヤ)への訳語であって、真理、道理を意味します。そしてこの背景には、次のような人生の深い知恵があるのです。

　単に「あきらめる」だけであれば、悔い、怨み、愚痴が残る。ものごとの道理が明らかになった上でのことならば、納得しての「諦らめ」となる。結婚というご縁にあずかった。諸般の事情を考慮してこのへんで「あきらめて」結婚に踏み切るか、わが身をしっかりみつめ、賜わったご縁を「諦めて」結婚するか、そこには大きな差がある。後者であれば、後で、こんなはずではなかった、と愚痴ることも少なかろう。

　ややもすると、我々は、自分の苦悩は、社会が悪いから、あの人のせいだからしょうがないといって、「あきらめる」ことでよしとする。逆に、それは自分の欲望、無知に基因すると「諦める」ことができれば、現状を受け入れ、解決の方法をみつけやすい。
（一郷正道（2015）　http://www.otani.ac.jp/yomu_page/b_you go/nab3mq0000000qkz.html）を筆者要約

このセッションでは諦めることについて知り、それを強みにすることを学びます。

ここであなたにとって諦めることがどのようなことなのか、少し考えてみましょう。

失敗は成功の母って
言うもんね

あなたにとって「諦める」とは？
下の文章を埋めてみよう！

あなたにとって諦めるとは・・・
「　　　　　　　　　　　　　　　　　」ことである

あなたにとって諦めるとは・・・
「　　　　　　　　　　　　　　　　　」ことである

あなたにとって諦めるとは・・・
「　　　　　　　　　　　　　　　　　」ことである

あなたにとって諦めるとは・・・
「　　　　　　　　　　　　　　　　　」ことである

あなたにとって諦めるとは・・・
「　　　　　　　　　　　　　　　　　」ことである

2．諦めるってどういうこと？

お疲れ様でした。
今、あなたに親しみのある「諦める」について、考えてもらいました。

一方、諦めるということをどう捉えるかは人によって異なります。ここでは、あなたが諦めることをどう捉えているのかという傾向＝「あきらめ型」を測定してみましょう。

あきらめタイプを知る「あきらめ型診断」

以下の質問は、あなたが「諦める」ことをどのように捉えているか尋ねるものです。
今の自分に最もよく当てはまるものを選んでください。

	全くそう思わない	あまりそう思わない	どちらともいえない	そう思う	非常にそう思う
1．諦めることで、自分の他の可能性が明らかになる	○	○	○	●	○
2．諦めることは、しんどい事から逃げる事である	○	●	○	○	○
3．諦めることで、自分が次に進むことができる	○	○	○	○	●
4．諦めることは、惨めな体験である	○	○	●	○	○
5．諦めることは、前に進むための一時的なプロセスである	○	○	●	○	○
6．諦めることは、自分が納得いく人生を送るために必要な事である	○	○	○	●	○
7．諦めることは、自分に負ける事である	○	●	○	○	○
8．諦めるとは、自分が失敗したという事である	○	○	●	○	○
9．諦めることで、物事を新たな視点で見る事ができる	○	○	○	●	○
10．諦めることは、人生における挫折である	○	●	○	○	○
11．諦めるとは、今の自分をありのままに認める事である	○	○	●	○	○
12．諦めることは、自分にとって達成が困難な事から逃げる事である	○	○	●	○	○

決定

決定ボタンを押してください

諦めることの捉え方は、大きく分けて4つのタイプがあります。

スクランブルエッグ
「諦める」ことを肯定的にも否定的にも考えるアンビバレントなタイプ
諦めを挫折と捉えつつも、新たな挑戦も志向し続ける野望系

ゆでたまご
挫折や失敗に厳しく、諦めることを否定的に考えるタイプ
諦めることのないよう、ひたすら頑張り続ける体育会系

創作料理
挫折や失敗に暖かく、諦めることを肯定的に考えるタイプ
諦めは新しい世界への扉だと捉え、うまく活用できる悟り系

なまたまご
「諦める」ことについてあまり深く考えないタイプ
これまで諦めるという経験が少ないおぼっちゃま系

自分とは違ったタイプの説明を見てどう思われましたか？違ったタイプの方であればどんな考え方をするでしょうか？

このセッションで、諦めることに関連するいくつかのストーリーを体験していただきます。そうすることで、これまでとは違った観点から諦めることについて考え、諦めることを柔軟に捉えることを目指します。

3.「諦め力」のワーク

　このアプリを利用することで、キャラクターを通して様々な諦めを体験することになります。
プレイする中で、どういった形での諦めなら納得できる、あるいは納得できないか。
「諦める」と聞いて、もし自分の中に思い当たる過去の諦め体験がある方は、自分の諦め体験と重ねて、諦めることについて考えてみてください。

では、アプリを使ってみましょう！

このアプリは1、2週間程度、隙間時間に毎日利用することをお勧めします。

「あきらめたまご」は人生で遭遇する様々な「諦める」に関するストーリーを体験することで、「諦める」の理解を促進するアプリケーションです。

あっひよこ！
iPhoneやiPadで使えるのね…
ここでダウンロードしてね

▼App Storeで
「あきらめたまご」
と検索してください

STEP 1：
ストーリーを進めましょう

STEP 2：
もしあなたが主人公だったら？
と考えて選択肢を選びます

STEP 3：
色々なストーリーで遊んでみましょう
自分では普段選ばないような選択肢も
選んでみてください

4．今日のまとめ

《諦め力》を身につけるために大切な3つのこと
◆「諦める」ことの多面性について学ぶ
◆自分の「諦める」ことの捉え方の特徴を知る
◆アプリで様々な「諦める」を体験をする

今日のトレーニングはいかがでしたか？
感想や気づいたことを自由に書いてみてください。

[　　　　　　　　　　　　　]

[　　　　決定　　　　]

図6-4 〈前向きな諦め〉について学ぶ（パートA）

ふり返ってみましょう

１週間お疲れさまでした！

「あきらめたまごを」利用してみて、いかがでしたか？
利用した感想や気付いたことを書いてみましょう

《諦め力》がつきそう？

５．諦めれば全て解決！？

「諦めれば全て解決！？」かというと、そんなことはありませんよね。

でも、人生を生きていく上ではうまく諦めるって時には必要なことだと考えられています。

例えば、理想を追い求めすぎてつらくなってしまったことはないですか。あるいはもう叶うこともないことや過去の決断に対する未練を抱えたことはないでしょうか。

また、人生で大きな決断をする時の多くは、一方を選んで一方を諦めることになります。

過去のことに対して自分の気持ちを整理したり、未来のことを考えたりする時に一番大切なのは、「諦める」か「諦めないか」という考え方ではなく、自分にとって何が大切なことなのかを整理していくことです。

つまり、自分の欲求についてよく知ることで、手段としてうまく諦めることがあなたの強みになります。

６．「諦める」を活かす？

これまで様々な「諦める」を体験してきたね。ここでは、自分の過去の諦め体験を振り返って、そこから学んでみよう。

| 人間関係 | 職業選択 | 退職 |

子ども ――――――――――――――→ 老人

| その他 | 恋愛 | 家族 | 病気 |

人生において諦めることが体験される代表的な出来事

　ここまで、「諦める」ことが苦しく・辛い時期であると同時に、成長や発見の時期になり得ることも学びました。あなたの過去の諦め体験を一つ振り返ってその経験から学べることはないか考えてみましょう。

　例えば、会社員のAさんは入社数年で会社を退職しました。大変辛い体験でしたが、結果的に退職は自分の心身を守ることでした。毎日の生活の中で追い詰められ、今頑張っていることを「諦める」選択肢を見失ってしまうことも多々あります。大変な時には「諦める」という選択肢があることをAさんは学びました。

あなたも、過去を振り返って、一つ何かを「諦めた」体験を思い返してみましょう。大きなものでも小さなものでも構いません。

＜それは、どういった体験でしたか＞

> 例：自分は他の人の分まで頑張って仕事をしていたのに、部長はサボっている同僚を評価していた

＜振り返ってみて、その経験から学ぶことがあるとしたらどういったことでしょうか＞

> 例：自分がいくら頑張っても他の人が認めてくれるとは限らない

＜もしその教訓を現在、あるいは未来の選択に活かすとしたらどういったことが考えられますか＞

> 例：人の顔色を伺いすぎずに、自分がやるべきこと・やりたいことを大事にしよう

決定

うまくいかずに落ち込むこともあるけど、何かそれを次に活かせたらいいよね

なかなか難しいなあ
・・・

このセッションの最後に、ここまで学んできた《諦め力》について振り返ってみましょう

諦め力チェック

Q1 「諦める」ことについて知り、色々な「諦める」について想像できますか？思いつくものを幾つか書いてみましょう。
　　○ とても　　○ まあまあ　　○ いいえ

Q2 「諦める」ことのメリットとデメリットについて学べましたか？
　　○ とても　　○ まあまあ　　○ いいえ

Q3 自分の欲求とうまく付き合っていく方法としての《諦め力》について考えが深められましたか？
　　○ とても　　○ まあまあ　　○ いいえ

　　　　　　決定

7. このトレーニングのおさらい

しなやかな心を育てるために…

《諦め力》（＝自分の欲求とうまく付き合っていく方法）を身につけていきましょう

《諦め力》トレーニングはいかがでしたか？
感想や気づいたことを自由に書いてみてください。

　　　　　　決定

図 6-5 〈前向きな諦め〉について学ぶ（パート B）

第6章　〈前向きな諦め〉を促すセルフケア・アプリケーションの実践

ンターネット認知行動療法が抱えるモチベーションの維持という課題が解決される可能性は十分にあるといえるでしょう。今回の調査では効果の検討を主に行いましたが，モチベーションについても定量的な検討が必要です。

　アプリケーション自体の課題として，ストーリー数の少なさや短さが挙げられます。今後，取り組んだ体験に関する利用者へのフィードバックや，体験を蓄積して振り返ることができる仕組みを充実させることが必要だと考えています。また，発達段階や性別を考慮し，利用者の〈諦め〉の認知や意味づけにより効果的に働きかける支援プログラムとしての発展が期待されます。併せて，アプリケーションの効果の検討や利用者からのレビューにもとづき，デザインや構造面の改良やコンテンツの充実を行っていく必要があります。たとえば，別の発達段階や性別のストーリーを追加することが考えられます。今回は既存の人生ストーリーを体験するという形で構成されていますが，利用者から自分の〈諦め〉体験についてのストーリーを募り，それをゲーム内でのストーリー化に活かすなどすることで利用者がより自分の〈諦め〉に向き合っていくことを支援することも考えられます。

　効果研究についても，様々な対象・方法を用いて行っていく必要があるでしょう。日本におけるインターネット認知行動療法は開発・研究段階に留まるものが多く，一般的に利用されているものはまだまだ少ない状況です。効果研究を行ってそれをもとに次の開発を行うことは海外のインターネット認知行動療法サービスであれば一般的に行われていることであり，それがサービスの改善と普及に繋がっていくことになります。本アプリケーションにおいても，効果研究をもとにコンテンツの修正や追加，構造の見直しなどを行っていく予定です。

引用文献

第1章

（1） 大橋明（2009）．あきらめに関する心理学的考察—自由記述法による探索的検討　中部学院大学・中部学院大学短期大学部研究紀要，**10**，17-28.

（2） 川喜田二郎（1967）．発想法—創造性開発のために　中央公論社

（3） 下仲順子・中里克治・河合千恵子・佐藤眞一・石原治・権藤恭之（1995）．中高年期におけるライフイベントとその影響に関する心理学的研究　老年社会科学，**17**，40-56.

（4） 稲月聡子（2002）．「あきらめ」の意味に関する一研究—「あきらめ」体験の語りをもとに　大阪大学教育学年報，**7**，219-230.

（5） 松村明（監修）（2018）．デジタル大辞泉　小学館

（6） 城福雅伸（2002）．明解仏教入門　春秋社

（7） 一郷正道（2014）．大谷大学ホームページ・読むページ・生活の中の仏教用語・諦める　http://www.otani.ac.jp/yomu_page/b_yougo/nab3mq0000000qkz.html（2014年9月19日閲覧）

（8） 九鬼周造（1979）．「いき」の構造　他二篇　岩波書店

（9） 富樫公一（2006）．「意地」の自己心理学的考察—蒼古的自己愛空想への執着と諦め　精神分析研究，**50**，365-374.

（10） 富樫公一（2009）．「覚悟」の自己心理学的考察—蒼古的自己愛空想からの脱錯覚過程　心理臨床学研究，**27**，432-443.

（11） 乙幡英剛（1999）．『病牀六尺』における創作意識—「あきらめる」の用法について　二松学舎大学人文論叢，**63**，60-78.

（12） 山野保（1987）．「未練」の心理—男女の別れと日本的心情　創元社

（13） 遠藤好英（1983）．あきらめる　佐藤喜代治（編）　講座日本語の語彙9　語史Ⅰ　明治書院　pp. 6-10.

（14） 遠藤好英（1984）．「あきらめる」の語史—古代における文章史的様相　日本文学ノート（宮城学院女子大学日本文学会），**19**，181-201.

（15） 吉井健（2009）．諦観（あきらめ）語彙考　文林，**43**，63-84.

（16） 南博（1983）．日本的自我　岩波書店

（17） 奥田雄一郎（2013）．大学生の時間的展望の時代的変遷—若者は未来を描けなくなったのか？　共愛学園前橋国際大学論集，**13**，1-12.

（18） 林潤一郎（2009）．認知行動療法　下山晴彦（編）よくわかる臨床心理学 改定新版　ミネルヴァ書房　pp.158-161.

（19） 北西憲二（2001）．我執の病理—森田療法による「生きること」の探求　白揚社

（20） 増田暁彦・武藤崇（2006）．ACT 精神病理／健康論　武藤崇（編著）アクセプタンス＆コミットメント・セラピーの文脈—臨床行動分析におけるマインドフルな展開　ブレーン出版　pp.95-116.

（21） Kabat-Zinn, J.(1990). *Full catastrophe living.* New York: Delacorte Press.（春木豊（訳）（2007）．マインドフルネスストレス低減法　北大路書房）

(22) Segal, Z. V., Williams, J. M. G., & Teasdale, J. D. (2001). *Mindfulness-based cognitive therapy for depression : A new approach to preventing relapse.* New York, NY : Guilford Press. (越川房子（監訳）（2007）マインドフルネス認知療法―うつを予防する新しいアプローチ　北大路書房)

(23) 日本マインドフルネス学会（2017）．設立趣旨　Retrieved from http://mindfulness.jp.net/concept.html（2017年3月15日閲覧）

(24) 熊野宏昭（2012）．新世代の認知行動療法　日本評論社

(25) 武藤崇・増田暁彦（2006）．ACT手続きの概略　武藤崇（編著）アクセプタンス＆コミットメント・セラピーの文脈―臨床行動分析におけるマインドフルな展開　ブレーン出版　pp. 119-136.

(26) Hofmann, S. G. (2008). Acceptance and commitment therapy : New wave or morita therapy? *Clinical Psychology : Science & Practice*, **15**, 280-285.

(27) 高良武久（2000）．森田療法のすすめ―ノイローゼ克服法　新版　白揚社

(28) 黒木俊秀（2012）．アクセプタンス・コミットメント・セラピー（ACT）は本当に森田療法と似ているのか？　精神医学，**54**（4），348-351.

(29) 舘野歩（2011）．森田療法と　Acceptance and Commitment Therapy（ACT）―不安障害に対するアプローチの比較検討　日本森田療法学会雑誌，**22**（1），17-23.

(30) 坂野朝子・武藤崇（2012）．「価値」の機能とは何か―実証に基づく価値研究についての展望　心理臨床科学，**2**（1），69-80.

(31) 北山忍（1994）．文化的自己観と心理的プロセス（〈特集〉異文化間心理学と文化心理学）社会心理学研究，**10**（3），153-167.

(32) 下山晴彦（2000）．心理臨床の発想と実践　岩波書店

(33) 杉浦義典・杉浦知子・丹野義彦（2006）．神経質傾向と不安への態度―森田療法の鍵概念の測定　人文科学論集，**40**，33-46.

(34) 辻平治郎・山田尚子・宇佐晋一・山本昭二郎（2009）．森田理論の実証研究（1）―鍵概念の測定　日本森田療法学会雑誌，**20**（2），175-192.

(35) 清水健司（2011）．ネガティブな反すうの増減要因に関する基礎的研究―森田療法における"とらわれ"の観点を通して　心理臨床学研究，**29**（3），359-364.

(36) 長山恵一（1994）．母親への罪意識と母子分離をめぐる諸問題―「すむ―あきらめる」「すまない」を鍵概念として　精神神経学雑誌，**96**，83-108.

(37) 北山修（2012）．幻滅論　増補版　みすず書房

(38) 田嶌誠一（2002）．臨床心理学キーワード（11）節度ある押しつけがましさ／健全なあきらめ／体験様式，つきあい方，悩み方　臨床心理学，**2**（6），822-824.

(39) 稲月聡子（2003）．「あきらめ」の意味に関する一研究―「あきらめ」概念の「切る」ものとしての意味　大阪大学教育学年報，**8**，235-246.

(40) 上田琢哉（1996）．自己受容概念の再検討―自己評価の低い人の"上手なあきらめ"として　心理学研究，**67**（4），327-332.

(41) Simpson, J., & Weiner, E. (Ed.) (2009). *The Oxford English Dictionary*, 2nd ed. Oxford : Oxford University Press.

(42) 大橋明（2008）．あきらめに関する心理学的考察―その意味と概念について　中部学

院大学・中部学院大学短期大学部研究紀要，9，23-34.

(43) 上田敏（1980）．障害の受容—その本質と諸段階について　総合リハ，8，515-521.

(44) Wright, B. A. (1960). *Physical disability : A psychological approach*. New York : Harper & Row.

(45) 島田裕子（2011）．諦め研究の意義と課題　昭和女子大学大学院生活機構研究科紀要，20，27-39.

(46) 鈴木忠・飯牟礼悦子（2008）．諦観と晩年性—生涯発達心理学の新しい概念として　白百合女子大學研究紀要，44，A101-A127.

(47) 浅野憲一・小玉正博（2009）．わりきり志向と楽観性，自動思考の関連の検討　ヒューマン・ケア研究，10(2)，77-86.

(48) 神村栄一・海老原由香・佐藤健二・戸ヶ崎泰子・坂野雄二（1995）．対処方略の三次元モデルの検討と新しい尺度（TAC-24）の作成　筑波大学教育相談研究，33，41-47.

(49) 吉住隆弘・村瀬聡美（2008）．大学生の解離体験と防衛機制およびコーピングとの関連について　パーソナリティ研究，16(2)，229-237.

(50) 島津明人・布施美和子・種市康太郎・大橋靖史・小杉正太郎（1997）．従業員を対象としたストレス調査票作成の試み（1）—ストレッサー尺度・ストレス反応尺度の作成　産業ストレス研究，4，41-52.

(51) 小杉正太郎・田中健吾・大塚泰正・種市康太郎・高田未里・河西真知子・佐藤澄子・島津明人・島津美由紀・白井志之夫・鈴木綾子・山手裕子・米原奈緒（2004）．職場ストレススケール改訂版作成の試み（I）—ストレッサー尺度・ストレス反応尺度・コーピング尺度の改訂　産業ストレス研究，11(3)，175-185.

(52) 内田利広（1992）．登校拒否治療における「親の期待」に関する一考察—操作的期待-行き詰まり-あきらめ　心理臨床学研究，10(2)，28-38.

(53) 佐藤晋ရ・佐々木恵美・鈴木利人・朝田隆（2002）．精神療法における「諦める」ことの意義—心気症に引き続き嫉妬妄想を呈した女性例の治療を通じて　臨床精神医学，31，971-977.

(54) 井上光一（1999）．自己受容における向上心とあきらめ　京都大学大学院教育学研究科紀要，45，406-418.

(55) Wrosch, C. L., Scheier. M. F., Miller, G. E., Schulz, R., & Carver, C. S. (2003). Adaptive self-regulation of unattainable goals : Goal disengagement, goal reengagement, and subjective well-being. *Personality & Social Psychology Bulletin*, **29**(12), 1494-1508.

(56) 島田裕子・菅谷真衣子・古川真人（2008）．目標を諦めることは健康なのか？　昭和女子大学生活心理研究所紀要，11，79-88.

(57) Dunne, E., Wrosch, C., & Miller, G. E. (2011). Goal disengagement, functional disability, and depressive symptoms in old age. *Health Psychology*, **30**, 763-770.

(58) Brandtstädter, J., & Renner, G. (1990). Tenacious goal pursuit and flexible goal adjustment. *Psychology and Aging*, **5**, 58-67.

(59) Brandtstädter, J., & Rothermund, K. (2002). The life-course dynamics of goal pursuit and goal adjustment : A two-process framework. *Developmental Review*, **22**,

117-150.

(60) Brandtstädter, J. (2009). Goal pursuit and goal adjustment: Self-regulation and intentional self-development in changing developmental contexts. *Advances in Life Course Research*, **14**, 52-62.

(61) 竹村明子 (2007). 目標達成が困難な状況への対処方法と心理的 Well-Being との関係 琉球大学教育学部紀要, **71**, 183-190.

(62) Lazarus, R. S. (1999). *Stress and emotion*. New York: Springer.

(63) 小杉正太郎 (2006). ストレスと健康 小杉正太郎 (編) ストレスと健康の心理学 朝倉書店 pp. 1-20.

(64) Feifel, H., & Strack, S. (1989). Coping with conflict situations: Middle-aged and elderly men. *Psychology and Aging*, **4**, 26-33.

(65) Carver, C. S., Scheier, M. F., & Weintraub, J. K. (1989). Assessing coping strategies: A theoretically based approach. *Journal of Personality and Social Psychology*, **56**, 267-283.

(66) 大塚泰正 (2008). 理論的作成方法によるコーピング尺度：COPE 広島大学心理学研究, **8**, 121-128.

(67) 加藤司 (2007). 英語文献におけるコーピング尺度の使用状況―1996年から1999年 東洋大学社会学部紀要, **44**(2), 71-87.

(68) Otsuka, Y., Sasaki, T., Iwasaki, K., & Mori, I. (2009). Working hours, coping skills, and psychological health in Japanese daytime workers. *Industrial Health*, **47**, 22-32.

(69) 鈴木伸一 (2004). 三次元 (接近―回避, 問題―情動, 行動―認知) モデルによるコーピング分類の妥当性の検討 心理学研究, **74**(6), 504―511.

(70) 内田利広 (2011). 母娘関係における「期待」と「あきらめ」に関する一考察―不安発作から不登校に陥った女子高校生との面接過程 心理臨床学研究, **29**(3), 329-340.

(71) 田嶌誠一 (1991). 青年期境界例との「つきあい方」 心理臨床学研究, **9**(1), 32-44.

(72) 北中淳子 (2011). うつの医療人類学 (3) 鬱, ジェンダー, 回復―「諦観の哲学」をめぐって (1) こころの科学, **159**, 129-135.

(73) 北中淳子 (2011). うつの医療人類学 (4) 鬱, ジェンダー, 回復―「諦観の哲学」をめぐって (2) こころの科学, **160**, 157-163.

(74) 北西憲二 (2005). 森田療法の基本的理論 北西憲二・中村敬 (編著) 森田療法 ミネルヴァ書房 pp. 20-39.

(75) 浅野憲一 (2010). わりきり志向尺度の作成および精神的健康, 反応スタイルとの関係 パーソナリティ研究, **18**(2), 105-116.

(76) 浅野憲一・羽鳥健司・樫村正美・石村郁夫 (2013). わりきり志向と感情体験, 精神的健康の関連の検討 ヒューマン・ケア研究, **13**(2), 101-110.

(77) 下山晴彦 (2000). 臨床心理学研究法の多様性と本書の構成 下山晴彦 (編) 臨床心理学研究の技法 シリーズ・心理学の技法 福村出版 pp. 19-26.

(78) 川瀬良美 (1995). ドゥエックの目標理論 宮本美沙子・奈須正裕 (編) 達成動機の

理論と展開─続・達成動機の心理学　金子書房　pp. 199-207.

(79)　西村詩織（2008）．焦りに関する研究の外観と展望─焦りの包括モデルの提案　東京大学大学院教育学研究科紀要，**47**，251-258.

(80)　小堀修・丹野義彦（2004）．完全主義の認知を多次元で測定する尺度作成の試み　パーソナリティ研究，**13**，34-43.

(81)　桜井茂男・大谷佳子（1997）．"自己に求める完全主義"と抑うつ傾向および絶望感との関係　心理学研究　**68**（3），179-186.

第2章

（1）　Blos, P.（1962）. *On adolescence : A psychoanalytic interpretation.* New York : Free Press.（野沢栄治（訳）（1971）．青年期の精神医学　誠信書房）

（2）　下山晴彦（1998）．青年期の発達　下山晴彦（編）　教育心理学〈2〉発達と臨床援助の心理学　東京大学出版会　pp. 183-205.

（3）　川喜田二郎（1967）．発想法─創造性開発のために　中央公論社

（4）　下山晴彦（1998）．青年期の心理障害と臨床援助　下山晴彦（編）　教育心理学〈2〉発達と臨床援助の心理学　東京大学出版会　pp. 209-236.

（5）　堀有嬉衣・小杉礼子・久木元真吾（2007）．若者の移行問題へのアプローチ　堀有喜衣（編）フリーターに滞留する若者たち　勁草書房　pp. 1-29.

（6）　豊嶋秋彦（1987）．不本意入学感・準拠集団・人格適応の三者関連に対する社会心理学的接近　弘前大学保健管理概要，**10**，1-21.

（7）　谷島弘仁（2005）．大学生における大学への適応に関する検討　人間科学研究，**27**，19-27.

（8）　松原達哉・宮崎圭子・三宅拓郎（2006）．大学生のメンタルヘルス尺度の作成と不登校傾向を規定する要因　立正大学心理学研究所紀要，**4**，1-12.

（9）　山田剛史（2004）．入学形態の異なる大学生は自己をどのように意味づけるのか　日本心理学会第68回大会発表論文集，1103.

(10)　森岡孝二（2013）．悪化する若者の雇用環境と大学生の就活自殺　現代思想，**41**（5），94-104.

(11)　宮下敏恵・斉藤淳子（2002）．青年期における恋愛関係崩壊後の心理的反応とその有効性について　上越教育大学研究紀要，**22**（1），231-245.

(12)　加藤司（2005）．失恋ストレスコーピングと精神的健康との関連性の検証　社会心理学研究，**20**（3），171-180.

(13)　浅野良輔・堀毛裕子・大坊郁夫（2010）．人は失恋によって成長するのか─コーピングと心理的離脱が首尾一貫感覚に及ぼす影響　パーソナリティ研究，**18**（2），129-139.

(14)　Antonovsky, A.（1987）. *Unraveling the mystery of health : How people manage stress and stay well.* San Francisco : Jossey-Bass.（山崎喜比古・吉井清子（監訳）（2001）．健康の謎を解く─ストレス対処と健康保持のメカニズム　有信堂）

(15)　小坂千秋・柏木恵子（2007）．育児期女性の就労継続・退職を規定する要因　発達心理学研究，**18**（1），45-54.

(16)　徳田治子（2004）．ナラティヴから捉える子育て期女性の意味づけ─生涯発達の視点

から　発達心理学研究，**15**（ 1 ），13-26.

（17）　加藤容子（2008）．共働き男性のワーク・ファミリー・コンフリクト　柏木惠子・高橋惠子（編）日本の男性の心理学—もう一つのジェンダー問題　有斐閣　pp. 234-240.

（18）　金井篤子（2008）．ワーク・ライフ・バランスの実現に向けて　柏木惠子・高橋惠子（編）日本の男性の心理学—もう一つのジェンダー問題　有斐閣　pp. 209-226.

（19）　本間道子（2010）．我が国におけるリーダーシップの現状と社会心理学的背景　現代女性とキャリア：日本女子大学現代女性キャリア研究所紀要：ri-wac journal，**2**，43-65.

（20）　Bogdan, R. C., & Biklen, S. K.(1997). *Qualitative research for education : An introduction to theory and method*, 3rd ed. Boston : Allyn & Bacon.

（21）　能智正博（2000）．質的（定性的）研究法　下山晴彦（編）臨床心理学研究の技法　福村出版　pp. 56-65.

（22）　木下康仁（2003）．グラウンデッド・セオリー・アプローチの実践—質的研究への誘い　弘文堂

（23）　木下康仁（1999）．グラウンデッド・セオリー・アプローチ—質的実証研究の再生　弘文堂

（24）　鈴木伸一（2004）．三次元（接近—回避，問題—情動，行動—認知）モデルによるコーピング分類の妥当性の検討　心理学研究，**74**（ 6 ），504—511.

（25）　大橋明（2009）．あきらめに関する心理学的考察—自由記述法による探索的検討　中部学院大学・中部学院大学短期大学部研究紀要，**10**，17-28.

（26）　下中順子（1998）．老年期の発達と臨床援助　下山晴彦（編）教育心理学〈 2 〉発達と臨床援助の心理学　東京大学出版会　pp. 313-337.

（27）　竹村明子・仲真紀子（2013）．身体や健康の衰退に調和するための高齢者の対処—二次的コントロール理論を基に　発達心理学研究，**24**，160-170.

（28）　福岡欣治・安藤清志・松井豊（2003）．死別体験後のソーシャル・サポートと心理的適応に関する予備的検討　静岡文化芸術大学研究紀要，**4**，55-60.

（29）　山田みき・岡本祐子（2007）．「個」と「関係性」からみた青年期のアイデンティティに関する研究の動向と展望　広島大学大学院教育学研究科紀要：第三部（教育人間科学関連領域），**56**，199-206.

（30）　奥田雄一郎（2013）．大学生の時間的展望の時代的変遷—若者は未来を描けなくなったのか？　共愛学園前橋国際大学論集，**13**，1-12.

（31）　川瀬良美（1995）．ドゥエックの目標理論　宮本美沙子・奈須正裕（編）達成動機の理論と展開—続・達成動機の心理学　金子書房　pp. 199-207.

（32）　光浪睦美（2010）．達成動機と目標志向性が学習行動に及ぼす影響—認知的方略の違いに着目して　教育心理学研究，**58**，348-360.

第 3 章

（ 1 ）　Hewitt, P. L., & Flett, G. L.(1991). Perfectionism in the self and social contexts : Conceptualization, assessment, and association with psychopathology. *Journal of Personality and Social Psychology*, **60**, 456-470.

引用文献

（2） 北中淳子（2011）．うつの医療人類学（3）鬱，ジェンダー，回復—「諦観の哲学」をめぐって（1） こころの科学，**159**，129-135.

（3） 北中淳子（2011）．うつの医療人類学（4）鬱，ジェンダー，回復—「諦観の哲学」をめぐって（2） こころの科学，**160**，157-163.

（4） 浅野憲一（2010）．わりきり志向尺度の作成および精神的健康，反応スタイルとの関係 パーソナリティ研究，**18**（2），105-116.

（5） 白井利明（1994）．時間的展望体験尺度の作成に関する研究 心理学研究，**65**（1），54-60.

（6） 小堀修・丹野義彦（2004）．完全主義の認知を多次元で測定する尺度作成の試み パーソナリティ研究，**13**，34-43.

（7） 古川壽亮・大野裕・宇田英典・中根允文（2003）．一般人口中の精神疾患の簡便なスクリーニングに関する研究 平成14年度厚生労働科学研究費補助金（厚生労働科学特別研究事業）心の健康問題と対策基盤の実態に関する研究 研究協力報告書

（8） Kessler, R. C., Andrews, G., Colpe, L. J., Hiripi, E., Mroczek, D. K., Normand, S. L., Walters, E. E., & Zaslavsky, A. M.（2002）. Short screening scales to monitor population prevalences and trends in nonspecific psychological distress. *Psychological Medicine*, **32**, 959-76.

（9） 白井利明（1997）．時間的展望の生涯発達心理学 勁草書房

（10） 田中道弘（2008）．自尊感情における社会性，自尊感情形成に関しての基準—自己肯定感尺度の新たな可能性 下斗米淳（編）シリーズ自己心理学第6巻 社会心理学へのアプローチ 金子書房 pp. 27-45.

（11） 角野善司（1994）．人生に対する満足尺度（the Satisfaction With Life Scale〔SWLS〕）日本版作成の試み 日本教育心理学会総会発表論文集，**36**，192.

（12） 田中道弘（2011）．自分を変えることに対する肯定的な捉え方の背景にあるものは何か？—自己肯定感，向上心，時間的展望，特性的自己効力感の視点から マイクロカウンセリング研究，**6**，12-23.

（13） 下山晴彦（1998）．青年期の発達 下山晴彦（編） 教育心理学〈2〉発達と臨床援助の心理学 東京大学出版会 pp. 183-205.

（14） 北中淳子（2008）．鬱のジェンダー—北米と日本におけるうつ病の医療化言説を比較して 臨床精神医学，**37**（9），1145-1150.

（15） 柏木惠子（2008）．なぜ「男性の心理学」なのか 柏木惠子・高橋惠子（編）日本の男性の心理学—もう一つのジェンダー問題 有斐閣 pp. 1-23.

（16） 大橋明（2009）．あきらめに関する心理学的考察—自由記述法による探索的検討 中部学院大学・中部学院大学短期大学部研究紀要，**10**，17-28.

（17） やまだようこ（2000）．人生を物語ることの意味—ライフストーリーの心理学 やまだようこ（編）人生を物語る—生成のライフストーリー ミネルヴァ書房 pp. 1-38.

（18） Levinson, D. J.（1978）. *The seasons of a man's life*. New York : Random House.南博（訳）（1992）．ライフサイクルの心理学上・下 講談社学術文庫）

（19） 岡本祐子（2010）．成人期の発達臨床心理学の理論的枠組み 岡本祐子（編）成人発達臨床心理学ハンドブック—個と関係性からライフサイクルを見る ナカニシヤ出版

pp. 39-50.

(20)　徳永英子（2010）．女性のキャリア・パスとキャリアの発達　岡本祐子（編）成人発達臨床心理学ハンドブック―個と関係性からライフサイクルを見る　ナカニシヤ出版　pp. 156-163.

第Ⅰ部から第Ⅱ部へ

（1）　稲月聡子（2003）．「あきらめ」の意味に関する一研究―「あきらめ」概念の「切る」ものとしての意味　大阪大学教育学年報，8，235-246.

（2）　武藤崇・増田暁彦（2006）．ACT 手続きの概略　武藤崇（編著）アクセプタンス＆コミットメント・セラピーの文脈―臨床行動分析におけるマインドフルな展開　ブレーン出版　pp.119-136.

（3）　大橋明（2008）．あきらめに関する心理学的考察―その意味と概念について　中部学院大学・中部学院大学短期大学部研究紀要，9，23-34.

（4）　Wrosch, C., Scheier, M., F., Carver, C. S., & Schulz, R.（2003）. The importance of goal disengagement in adaptive self-regulation : When giving up is beneficial. *Self and Identity*, **2**, 1-20.

（5）　北山忍（1994）．文化的自己観と心理的プロセス（〈特集〉異文化間心理学と文化心理学）社会心理学研究，10（3），153-167.

（6）　浅野憲一（2010）．わりきり志向尺度の作成および精神的健康，反応スタイルとの関係　パーソナリティ研究，18（2），105-116.

（7）　下山晴彦（1998）．青年期の発達　下山晴彦（編）　教育心理学〈2〉発達と臨床援助の心理学　東京大学出版会　pp. 183-205.

（8）　柏木惠子（2008）．なぜ「男性の心理学」なのか　柏木惠子・高橋惠子（編）　日本の男性の心理学―もう一つのジェンダー問題　有斐閣　pp. 1-23.

（9）　北中淳子（2011）．うつの医療人類学（3）鬱，ジェンダー，回復―「諦観の哲学」をめぐって（1）　こころの科学，159，129-135.

（10）　北中淳子（2011）．うつの医療人類学（4）鬱，ジェンダー，回復―「諦観の哲学」をめぐって（2）　こころの科学，160，157-163.

第4章

（1）　Engel, G. L.（1977）. The need for a new medical model : A challenge for biomedicine. *Science*, **196**, 129-136.

（2）　Westbrook, D., Kennerley, H., & Kirk, J.（2011）. *An introduction to cognitive behavioural therapy : Skills and applications*, 2nd ed. London : Sage Publications. 下山晴彦（監訳）（2012）．認知行動療法臨床ガイド　金剛出版）

（3）　Stefl, M. E., & Prosperi, D. C.（1985）. Barriers to mental health service utilization. *Community Mental Health Journal*, **21**（3），167-178.

（4）　川上憲人（2006）．こころの健康についての疫学調査に関する研究　総括研究報告　平成18年度厚生労働省科学研究費補助金（こころの健康科学研究事業）

（5）　Health and Wellbeing ltd（2018）. Beating the Blues.® Retrieved from http ://

www.beatingtheblues.co.uk/（2018年 3 月15日閲覧）

（ 6 ） e-hub Health Pty Ltd（2018）. Moodgym—Online seif-help for depression and anxiety. Retrieved from https：//moodgym.com.au（2018年 3 月15日閲覧）

（ 7 ） 安婷婷・菅沼慎一郎・小倉加奈子・下山晴彦（2016）. インターネットを用いた認知行動療法の最新のレビューと今後の展望　臨床心理学，16（ 2 ），219–231.

（ 8 ） 梅垣佑介・末木新・下山晴彦（2012）インターネットを用いたうつへの認知行動療法の現状と今後の展望　精神医学，54（ 8 ），768–778.

（ 9 ） 今村幸太郎・川上憲人（2015）. インターネット認知行動療法（iCBT）の現状と効果—主にうつ病を対象とした文献レビュー（特集　精神療法の新しい展開）臨床精神医学，44（ 8 ），1059–1065.

（10） 竹島望・渡辺範雄（2014）. 精神疾患に対するコンピュータ・インターネット精神療法—定性的レビュー　総合病院精神医学，26（ 3 ），245–254.

（11） アンダーソン，G.（著）長江信和（訳）（2016）. ICBT—インターネット認知行動療法ガイドブック　創元社（※（12）の文献の翻訳書）

（12） Andersson, G.（2014）. *The internet and CBT : A clinical guide*. Boca Raton : CRC Press.

（13） Andersson, G.（2016）. Internet-delivered psychological treatments. *Annual Review of Clinical Psychology*, **12**, 157–179.

（14） Huguet, A., Rao, S., McGrath, P. J., Wozney, L., Wheaton, M., Conrod, J., & Rozario, S.（2016）. A Systematic Review of Cognitive Behavioral Therapy and Behavioral Activation Apps for Depression. *PLoS One*, **11**（ 5 ）, e0154248.

（15） 佐藤誠・高塚雄介・福山清蔵（1999）. 電話相談の実際　双文社

（16） 村瀬嘉代子・津川律子（編）（2005）. 電話相談の考え方とその実践　金剛出版

（17） 武藤清栄・渋谷英雄（2006）. メールカウンセリング—その理論・技法の習得と実際　川島書店

（18） 中村洸太（2017）. メールカウンセリングの技法と実際—オンラインカウンセリングの現場から　川島書店

（19） 総務省（2018）. 情報通信端末の世帯保有率の推移　平成29年度版情報通信白書　Retrieved from http：//www.soumu.go.jp/johotsusintokei/whitepaper/ja/h29/html/nc262110.html（2018年 3 月15日閲覧）

（20） 小松智賀・福井至・Douglas, E.・吉田栄治・貝谷久宣（2008）. パニック障害に対するCCBTの効果検証実験（一般演題，第108回日本心身医学会関東地方会演題抄録）心身医学，48（ 5 ），379–380.

（21） 小山繭子・長谷川誠・小松智賀・福井至・貝谷久宣・熊野宏昭（2008）. パニック障害患者に対するオンサイト認知行動療法の治療効果検証（一般演題（ポスター），サイコセラピーの融合とより良き社会的貢献を目指して）　日本行動療法学会大会発表論文集，**34**，350–351.

（22） 小松智賀・正木美奈・野口恭子・石井華・兼子唯・福井至・吉田栄治・貝谷久宣（2013）. Randomized Controlled Trial（RCT）における広場恐怖を伴うパニック障害に対する Computerized Cognitive-Behavior Therapy（CCBT）の治療効果の測定（一

般演題，第117回日本心身医学会関東地方会演題抄録）　心身医学，**53**（7），699.

(23)　福井至・西山薫（1992）．コンピューター・アシスティド・カウンセリングの開発と効果の検証（研究発表（ポスター発表−2））　日本行動療法学会大会発表論文集，**18**，74-75.

(24)　福井至・西山薫（1995）．論理情動療法に基づく CAC の不合理な信念の変容と不安低減に及ぼす効果　行動療法研究，**21**（2），79-91.

(25)　福井至（1995）．論理情動療法に基づく CAC の効果―不安と抑うつとアパシーへの効果　日本教育心理学会総会発表論文集，**37**，255.

(26)　佐藤洋一・福井至・岩本隆茂(2002)．論理情動行動療法に基づく Computer-Assisted Counseling プログラム改良版の効果（資料，〈特集〉プライマリーケアと行動療法・認知行動療法）行動療法研究，**28**（1），47-62.

(27)　小倉加奈子・平野真理・下山晴彦（2014）．不安障害・うつ予防の Web サービス開発―モニタリングに焦点を当てたセルフケアの有効性の検討　第6回日本不安障害学会学術大会抄録集，134.

(28)　Hirano, M., Ogura, K., Kitahara, M., Sakamoto, D., & Shimoyama, H.（2017）. Designing behavioral self-regulation application for preventive personal mental healthcare. *Health Psychology Open*, January-June, 1-9.

(29)　菅沼慎一郎・平野真理・川崎舞子・下山晴彦（2017）．認知行動療法に基づいたうつの心理教育 Web サイトの開発と評価　心理臨床学研究，**35**，192-198.

(30)　大野裕（2018）．認知行動療法活用サイト「こころのスキルアップ・トレーニング（こことれ）」Retrieved from https://www.cbtjp.net（2018年3月15日閲覧）

(31)　株式会社 cotree　U2plus　うつ病症状の予防と回復，再発防止をサポート　Retrieved from https://u2plus.jp（2018年3月15日閲覧）

(32)　加藤典子・中川敦夫（2015）．うつ病に対するセラピスト支援型コンピュータ認知行動療法（CCBT）　臨床精神医学，**44**（8），1053-1057.

(33)　東藤泰宏（2016）．インターネット認知行動療法コミュニティ―「U2plus」について　臨床精神医学，**45**（10），1287-1293.

(34)　藤本徹（2012）．サービスとしてのゲーム（〈特集〉サービスとしてのゲーム）　情報の科学と技術，**62**（12），502-507.

(35)　藤本徹（2017）．教育工学分野におけるゲーム研究　藤本徹・森田裕介（編著）　日本教育工学会（監修）ゲームと教育・学習　ミネルヴァ書房　pp. 1-15.

(36)　菅沼慎一郎・中野美奈・下山晴彦（2018）．精神的健康における適応的諦観の意義と機能　心理学研究，**89**（3），229-239.

(37)　Suganuma, S., Sakamoto, D., & Shimoyama, H.（2018）. An embodied conversational agent for unguided internet-based cognitive behavior therapy in preventative mental health : Feasibility and acceptability pilot trial. *JMIR Ment Health*, **5**（3），e10454.

(38)　Fitzpatrick, K. K., Darcy, A., & Vierhile, M.（2017）. Delivering cognitive behavior therapy to young adults with symptoms of depression and anxiety using a fully automated conversational agent（woebot）: A randomized controlled trial. *JMIR*

引用文献

Ment Health, **4**（2）, e19.

第5章

（1） 岡林春雄（1997）. 心理教育　金子書房
（2） 亀口憲治・高橋均・長谷川恵美子・角田真紀子（2004）. 総合的心理教育の実践課程　平成14年度～15年度科学研究費補助金（基盤研究（B）（2））研究成果報告書
（3） やまだようこ（2000）. 人生を物語ることの意味―ライフストーリーの心理学　やまだようこ（編）人生を物語る―生成のライフストーリー　ミネルヴァ書房　pp. 1 -38.
（4） 松下智子（2005）. ネガティブな経験の意味づけ方と開示抵抗感に関する研究　心理学研究, **76**（5）, 480-485.
（5） 白井利明（1997）. 時間的展望の生涯発達心理学　頸草書房
（6） 古川雅文・山本茜（2009）. 高校生の時間的展望の発達促進に関する研究（1）―発達支援プログラムが進路選択自己効力と時間的展望に及ぼす効果　日本教育心理学会総会発表論文集, **51**, 613.
（7） 安婷婷・菅沼慎一郎・小倉加奈子（2016）. インターネットを用いた認知行動療法の最新のレビューと今後の展望　臨床心理学, **16**（2）, 219-231.

第6章

（1） 白井利明（1994）. 時間的展望体験尺度の作成に関する研究　心理学研究, **65**（1）, 54-60.
（2） Awata, S., Bech, P., Yoshida, S., Hirai, M., Suzuki, S., Yamashita, M., et al.（2007）. Reliability and validity of the Japanese version of the World Health Organization-Five Well-Being Index in the context of detecting depression in diabetic patients. *Psychiatry and Clinical Neuroscience*, **61**（1）, 112-119.
（3） 川喜田二郎（1967）. 発想法―創造性開発のために　中央公論社
（4） 平野真理・小倉加奈子・下山晴彦（2014）. セルフ・メンタルケアのためのモニタリング・アプリケーション開発の試み―ICT 技術によって動機づけを維持する工夫　東京大学教育学研究科臨床心理学コース紀要, **37**, 26-33.

謝　　辞

　本書は，東京大学大学院教育学研究科臨床心理学コースに筆者が提出した博士論文をベースに，次ページに挙げる自著リストの論文・学会発表を加えた上で大幅な加筆修正をおこなったものです。研究の実施・執筆にあたって，多くの方にご指導・ご協力いただきました。

　指導教官である下山晴彦先生は，修士課程・博士課程を通して，また博士課程修了後も一貫して丁寧なご指導と温かい励ましを下さいました。宗教学という学部時代の専門に根ざした研究関心を尊重した上で，臨床心理学の研究者として育てていただいたことに感謝申し上げます。本書の執筆と出版にあたっても，様々な形でご助力いただきました。

　博士論文の論文指導をしてくださった星野崇宏先生，斎藤兆史先生には他分野の観点から温かいご指導をいただきました。能智正博先生，高橋美保先生，平野真理先生には臨床心理学の観点から論文の質を高める様々なご助言をいただきました。臨床心理学コースの学生の皆様，とくに下山研究室所属の学生の皆様には折に触れて助けていただきました。それ以外にも，研究協力者の皆様を含め，これまで私にかかわってくださった多くの方に感謝致します。

　なお，本書で実施した研究の一部は，JSPS 科研費 JP15H06125，東京大学ソーシャル ICT グローバル・クリエイティブリーダー育成プログラム（GCL）の支援を受けて実施されたものです。この場を借りて御礼申し上げます。

　末筆になりますが，今回の出版の機会を与えてくださったミネルヴァ書房，編集を担当してくださった吉岡昌俊様に深く感謝致します。

　　2018年6月

　　　　　　　　　　　　　　　　　　　　　　　　　　菅沼慎一郎

関連する論文・学会発表リスト

論文

菅沼慎一郎（2013）．青年期における「諦める」ことの定義と構造に関する研究　教育心理学研究，**61**（3），265-276.

菅沼慎一郎（2014）．諦めることに対する認知尺度の作成と検討　臨床心理学，**14**（1），81-89.

菅沼慎一郎（2015）．青年期において諦めることはどのように体験されるか──プロセスに着目して　発達心理学研究，**26**（1），23-34.

菅沼慎一郎（2018）．諦めること一般に関する認知と時間的展望，自己肯定感，人生満足度との関連　東京大学大学院教育学研究科紀要，**57**，197-206.

学会発表

菅沼慎一郎・平野真理・下山晴彦（2015）．諦めることに着目した臨床心理学的支援アプリケーションの開発と効果の検討　日本心理学会第79回大会発表論文集

Urano, Y., Suganuma, S., & Shimoyama, H.（2016）. Development of an iPhone application focusing on the experience of "akirameru": Verifying its effect on mental health using qualitative data. The 31st International Congress of Psychology.

Suganuma, S., & Shimoyama, H.（2016）. The psychological intervention of cognition in resignation through mobile application. The 31st International Congress of Psychology.

索　引

あ　行

アイデンティティ　32, 91, 112
明らめ　9, 10
〈諦め〉観　142
あきらめストーリー　151
あきらめ性格診断　149
諦めること一般に関する認知　77, 78, 80, 88,
　　158
諦めるしかない　67
アクセプタンス　iv, 3, 11, 12, 15, 16, 115, 117, 119,
　　120
あるがまま　13, 16, 24
インタビュー　31, 38, 71, 73, 95, 100, 115

か　行

回避　19, 22, 23
過去の〈諦め〉体験への意味づけ　142
完全主義　30, 76, 78, 81
機能　22, 26
ゲーミフィケーション　136, 147, 148, 165
結婚　36
現状の許容　49, 50, 53, 54
建設的機能　69
効果研究　157, 175
行動的諦め　116, 117, 141
行動的定義　52
コーピング　18, 19, 22, 26–28
こころのスキルアップ・トレーニング　133

さ　行

サービスギャップ　125, 126, 130
挫折認知　98–100, 103
時間的展望　85, 87, 90, 94, 96, 106, 108, 146, 148,
　　158, 161
自己観　135
自己肯定感　85, 87, 90, 96, 107, 110
自己の発見と深まり　66

自己や現実の「受容」　118
自己や現実を「活かす」　118
実現不可能の認識　46, 48
実現欲求低下　56, 57, 62, 64, 70, 72, 116, 118,
　　141
実現欲求の残存　61
失敗可能性の認識　46–48
質問紙　75, 78, 84, 95, 113, 115
社会的承認　92
周囲からの尊重　62, 68, 70, 71
修正版グラウンデッド・セオリー・アプローチ
　　（M–GTA）　38, 55
手段目標　39, 41–45, 142
出産　37
受容　3, 15, 16, 18, 19
情報通信技術（ICT）　iii, 125, 126, 131
人工知能（AI）　138
人生　5
人生に対する満足　85, 96
人生満足度　87–89, 107, 110
心理教育　143, 144
心理的諦め　116, 117, 141
心理的ストレス反応　79, 83, 89
心理面接　144
進路選択　35, 36
性差　82, 84, 88, 91, 94, 104, 110, 112
成人期前期　102, 103, 108–111, 121
青年期　34, 71, 100, 104, 107, 110, 121
青年期的特徴　71
戦略再設定　49, 50, 53
相互協調的自己観　119

た　行

第三世代の認知行動療法　10, 11, 13, 115
達成エネルギーの残存　61
達成エネルギーの低下　57, 60
達成エネルギーの転換　62, 64, 70, 72, 116
達成困難の認識　46–48

達成目標　42–45, 142
諦観　24, 76, 91, 137
適応的諦観　138
とらわれ　14

な　行

ナラティブ・アプローチ　93, 145
逃げ認知　98–100, 103
日常語　25, 29, 74
日本的心性　iv
日本文化　8, 14, 119, 137
認知行動療法（CBT）　iii, 125
望み　42–45, 142

は　行

発達課題　35
発達段階　6, 26, 31, 94, 112, 114, 121, 162
否定的認知　79
仏教　7, 8, 10, 12, 115
プロセス　27
放棄　18, 23, 30

ま　行

マインドフルネス　11, 16
前向きな諦め　117
未練　25, 29, 62, 67
目標再挑戦　20
目標柔軟調整　21
目標達成　30, 64, 73, 79
目標達成への固執　64, 67, 68, 70
目標断念　20
目標に対する気づき　66
目標の再選択　49, 51, 53
目標の妥協　49, 50, 53, 54

目標の放棄　49, 52, 53
目標不屈追求　21
目標へのとらわれ　62
モチベーション　133, 136, 147, 175
森田療法　12, 13, 24

や　行

有意味性認知　98–100, 102
ユーザーインターフェイス　162
欲望　4, 7, 12, 116

ら　行

ライフイベント　5, 6, 32
ライフコース　92
ライフサイクル　34
恋愛　36

わ　行

わりきり　28
わりきり志向　27, 77

欧　文

AI→人工知能
Beating the Blues　126
CBT→認知行動療法
ECA　138
e-learning　163
ICT→情報通信技術
KJ 法　160
M–GTA→修正版グラウンデッド・セオリー・
　　アプローチ
moodgym　126
U 2 plus　133
WHO–5 精神的健康状態表　158

《監修者紹介》

下山晴彦（しもやま・はるひこ）

1957年生まれ
1983年　東京大学大学院教育学研究科博士課程中退
東京大学学生相談所助手，東京工業大学保健管理センター専任講師などを経て，
現　在　東京大学大学院臨床心理学コース　教授
　　　　博士（教育学），臨床心理士
著　書　『臨床心理フロンティアシリーズ　認知行動療法入門』（シリーズ編集・監修）講談社，2017年
　　　　『公認心理師必携　精神医療・臨床心理の知識と技法』（中嶋義文と共編）医学書院，2016年
　　　　『子どものうつがわかる本』（監修）主婦の友社，2015年
　　　　『臨床心理学をまなぶ2　実践の基本』東京大学出版会，2014年
　　　　『臨床心理学をまなぶ1　これからの臨床心理学』東京大学出版会，2010年
　　　　『よくわかる臨床心理学　改訂新版』（編集）ミネルヴァ書房，2009年

《著者紹介》

菅沼慎一郎（すがぬま・しんいちろう）

1987年生まれ
2010年　京都大学文学部哲学基礎文化学系宗教学専修卒業
2015年　東京大学大学院教育学研究科総合教育科学専攻臨床心理学コース修士／博士課程修了
現　在　東京大学大学院教育学研究科総合教育科学専攻臨床心理学コース・東京大学ソーシャルICT
　　　　グローバル・クリエイティブリーダー育成プログラム（GCL）特任助教
　　　　東京認知行動療法センター　臨床心理士
　　　　博士（教育学）
論　文　「精神的健康における適応的諦観の意義と機能」『心理学研究』第89巻第3号，2018年
　　　　An embodied conversational agent for unguided internet-based cognitive behavior ther-
　　　　apy in preventative mental health : Feasibility and acceptability pilot trial. *JMIR Mental
　　　　Health*, **5**(3), 2018.
　　　　「認知行動療法に基づいたうつの心理教育Webサイトの開発と評価」『心理臨床学研究』第35
　　　　巻第2号，2017年

〈前向きな諦め〉を促すインターネット認知行動療法
──日本文化にそくした心理支援のために──

2018年10月30日　初版第1刷発行　　　　　　　　　　〈検印省略〉

定価はカバーに
表示しています

監 修 者　　下　山　晴　彦
著　　者　　菅　沼　慎一郎
発 行 者　　杉　田　啓　三
印 刷 者　　藤　森　英　夫

発行所　株式会社　ミネルヴァ書房

607-8494　京都市山科区日ノ岡堤谷町1
電話代表　（075）581-5191
振替口座　01020-0-8076

©菅沼慎一郎, 2018　　　　　　　　　　　　　　亜細亜印刷

ISBN978-4-623-08453-1

Printed in Japan

中高年の失業体験と心理的援助 　　A5判　344頁
——失業者を社会につなぐために 　　本　体 7000円
下山晴彦 監修／高橋美保 著

強迫症状にいたる心理的メカニズム 　　A5判　224頁
——多母集団同時分析による日中青年の比較を通して 　　本　体 6000円
下山晴彦 監修／李　暁茹 著

統合失調症への臨床心理学的支援 　　A5判　252頁
——認知機能障害の改善と家族支援の取り組み 　　本　体 6000円
下山晴彦 監修／中坪太久郎 著

ストレスチェック時代の職場の「新型うつ」対策 　　A5判　296頁
——理解・予防・支援のために 　　本　体 2800円
下山晴彦 監修／中野美奈 著

学校ですぐに実践できる 　　B5判　176頁
中高生のための〈うつ予防〉心理教育授業 　　本　体 2200円
下山晴彦 監修／堤　亜美 著

よくわかる臨床心理学 [改訂新版] 　　B5判　312頁
下山晴彦 編 　　本　体 3000円

行動分析 　　A5判　272頁
大河内浩人・武藤　崇 編著 　　本　体 3000円

学校を「より楽しく」するための応用行動分析 　　B5判　216頁
——「見本合わせ」から考える特別支援教育 　　本　体 3000円
武藤　崇 監修／坂本真紀 著

心と体を蝕む「ネット依存」から 　　B5判　144頁
子どもたちをどう守るのか 　　本　体 1800円
樋口　進 監修

———————— ミネルヴァ書房 ————————

http://www.minervashobo.co.jp/